Idea man

Idea man

Idea man

Idea man

まるごと覚えて 頭も良くなる
A4・1枚記憶法

A4・一枚
超記憶法

圖像化+運用大腦特性,
世界記憶力大師教你
用最節能的方式深化記憶,學習成效翻倍

世界記憶力特級大師
Yoshihiro Ikeda
池田義博
林慧雯———譯

序言

這世上有一個可以讓人瞬間大量記憶的夢幻祕密道具！

不熟悉的專業術語、艱澀的公式、數量龐大的英語單字、好幾分鐘的講稿與簡報資料、複雜的歌詞與台詞，還有無數人的長相及姓名……。

相信大家應該都曾經面臨過這些必須記住大量內容及文本的時刻，你是否也曾被壓得喘不過氣、深感絕望呢？

「如果可以印在『記憶吐司』上，就可以在一瞬間全部記住了……」

應該有很多人都曾幻想過《哆啦A夢》中的祕密道具「記憶吐司」，可以真的出現就好了吧！

所謂的記憶吐司正如其名，是可以幫助記憶的吐司。

「將切片吐司的表面壓在筆記或課本上，就能轉印文字，只要吃下吐司就可以完整記住內容」，這種祕密道具未免也太夢幻了！

如果真的能吃下記憶吐司，就算是高難度的證照應該也易如反掌。

而且，要是可以完全不看手稿，就能熱情洋溢地對全場演講，應該也更容易抓住聽眾的心。

不過可惜的是，記憶吐司還是有其缺點。

那就是，只有當記憶吐司存在於身體裡時，才能「維持」記憶。

在記憶吐司登場的篇章「考試吃的記憶吐司」中，大雄就是吃了大量的記憶吐司，結果吃壞了肚子，後來「在廁所裡全部拉了出來」，「結果全部都忘記了」。

看到這裡，似乎會有人說：

「這種夢幻道具是不可能存在於現實世界的！」

「想要記住任何內容，還是要認真地反覆背誦才是王道！」

不過，請大家稍安勿躁。

我現在就要**傳授比記憶吐司更厲害的夢幻記憶法！**

「不折不扣的門外漢」，記憶力卻能稱霸日本的原因

我在四十四歲時一時興起，挑戰了「日本腦力錦標賽」。儘管訓練的時間不到一年，依然在首次出賽就拔得頭籌，成為「日本記憶力冠軍」。

不僅如此，從隔年二〇一四年到二〇一九年為止，我都在同一個競賽中保持連霸（二〇一六年未出賽）的紀錄，而且，二〇一三年我也在倫敦舉辦的世界腦力錦標賽中解決了所有難題。

我是第一個奪得**「世界記憶力特級大師」**頭銜的日本人。

獲得這項頭銜的條件如下：

- 在兩分鐘內記住一組隨機排列的撲克牌順序。
- 在一小時內記住超過十組隨機排列的撲克牌順序。
- 在一小時內記住超過一千位數隨機排列的數字。

我知道這樣告訴大家後，一定會有人認為：「反正池田先生一定是天生記憶力就很好的人！」但事實絕非如此。

我從小最不擅長背誦，而且連跟記憶力最相關的「專注力」也跟一般人差不多，我反而還「比別人更容易分心」。我是在學習腦科學與心理學後，一邊苦苦掙扎、一邊下了許多功夫，才掩蓋掉我原本的缺點。

在這個過程中我所獲得的**智慧與技巧，全部都濃縮在本書要介紹的「A4一枚超記憶法」**。

只要在一張紙上寫出想要記下來的事物，就能讓自己輕鬆記住。

在後面的章節中我會詳細介紹這個記憶法。以往記不住的事物，現在很快就能被大腦完全吸收，相信大家體驗過這種感覺後一定會大吃一驚。

只要壓縮資訊，就可以大量記憶

考試前**徹夜苦讀**。

把用螢光筆畫得花花綠綠的關鍵字放在桌墊下，將內容**全部背起來**。盲目地反覆朗誦文言文，也就是**背誦法**。明明不喜歡，還是花很長時間**不情不願地用諧音記住內容**。聆聽「想要記住的事物」入眠，也就是所謂的**睡眠學習法**。上述的方法當中，是否也有你曾嘗試過，卻慘遭失敗的記憶法呢？請大家把這些忘得一乾二淨吧！為什麼這些記憶法最後都會以失敗告終呢？我將一一為大家解釋清楚。

這些家喻戶曉的「記憶（背誦）法」大部分都是依靠「言語」來記憶，也就是「記住意義」的方式。

不過，就算是再怎麼迅速有效率地將資訊輸入大腦，也很難長期維持。因為大腦的構造本來就不是這樣運作的。**唯有將事物轉變為圖像而非「言語」，藉由圖像的方式「壓縮」資訊，才能記住更多事情。**

這種圖像化的方式，我稱之為**「ＩＰ化」**（IP＝Image Processing）。

像我這種門外漢之所以能在不到一年的時間內就稱霸日本，原因就在於我靈活運用了「ＩＰ化」的方法，而且絕不是誇大其辭。

舉個例子好了。

當大家利用郵件傳送龐大的影片檔時，只要利用壓縮軟體壓縮檔案，就可以順利傳送出去，對吧！只要知道這些方便的方法與步驟，任何人都可以輕鬆傳送出大容量的檔案。而記憶的技巧就跟壓縮檔案非常相似，關鍵只在於你「是否知道方法與步驟」而已。

只要能取悅大腦，任何人都能稱霸日本

「A4一枚超記憶法」簡單來說就是「記憶的壓縮裝置」。

利用這個方法記住的事情，不只能在考試中派上用場，還能累積在大腦裡，成為以後「產生靈感的材料」，創造出全新的價值。換句話說，記在大腦裡的資

訊已經儲存在潛意識中，當你需要使用時就會浮出水面，成為靈感的來源，讓你隨心所欲地使用這些資訊。

此外，不需使用筆記本，而是使用「一張紙」的形式，其實意義也很重大。應該有些人會反駁我：「我想記住的東西有好幾本書那麼多，才一張紙要怎麼塞進那麼多資訊？」

請不用擔心。希望記住龐大資訊量時，只要恰當地將資訊分為細項，成為讓自己能隨時體驗成就感的「小步驟」，這才是最有效的方式。

我要介紹的正是能完整體現「小步驟」的記憶法。

不分男女老幼，無論是小孩也好、老人也好，這個方法都不會給大腦造成壓力，可以讓人在感覺有趣的前提下記憶資訊（**記住**）、保持記憶（**維持**），並且在事後輕鬆回想起來（**想起來**）。

在之後的章節中，我將會完整揭露記憶單的真面目。大家不妨**將記憶單當作是完整重現記憶時的「大腦活動」，將大腦活動視覺化的證據。**

特別是年長者更容易提升記憶力

有些人可能一聽到記憶法就會退避三舍，認為「太麻煩了」、「我連人名都想不起來」。不過，本書要介紹的「A4一枚超記憶法」經過精心設計，就連這種嫌麻煩的人也不會感到有壓力，可以輕輕鬆鬆提升記憶力。

而且，**無論到了幾歲，無論任何身分，都可以立刻開始實踐。**

就算現在忙於學業、工作、家事、育兒、其他興趣等，也能兼顧工作與生活間的平衡。尤其是從早到晚都必須忙著處理大量事務的商務人士，我也很建議使用這個記憶法。

如果是追求高品質發想的人，更是適合使用這個記憶法。「A4一枚超記憶法」可以當作是**「徹底提升綜合能力的方法」**，在各種場合中都能靈活運用。

即使是年齡漸長的年長者也不必擔心。因為，智力有分為「流動智力」與「固定智力」這兩種，累積了越多經驗的人，「固定智力」的層面就越顯優異。

而「**流動智力**」則是在年輕時便會到達高峰。

流動智力可以讓人迅速處理資訊、發現法則，這種時刻便能派上用場。

另一方面，所謂「**固定智力**」則是從長年來的經驗中獲得的智慧。

由於固定智力是利用長年累積的經驗與知識進行思考的智慧，當然是**年紀越大越能有所發揮。**為了大量記憶，就必須將各種經驗與事物與「想記下來的事情」做連結，這麼一來，當然是曾體驗過諸多經歷，原本就具備許多知識的年長者會更有利。

☑只要提升記憶力，大腦的綜合能力都會一併提升

或許有些人會說：「現在網路這麼發達，無論什麼問題只要搜尋一下就能解決，根本不需要在忙碌的生活中把所有事情都一一背下來吧！」

我認為這樣的想法言之過早，請大家冷靜思考看看。萬一在搜尋時，你就連要搜尋的關鍵字都想不起來怎麼辦呢？這種情況下，一定會花非常多時間才能漸漸接近自己原本想找的答案吧！

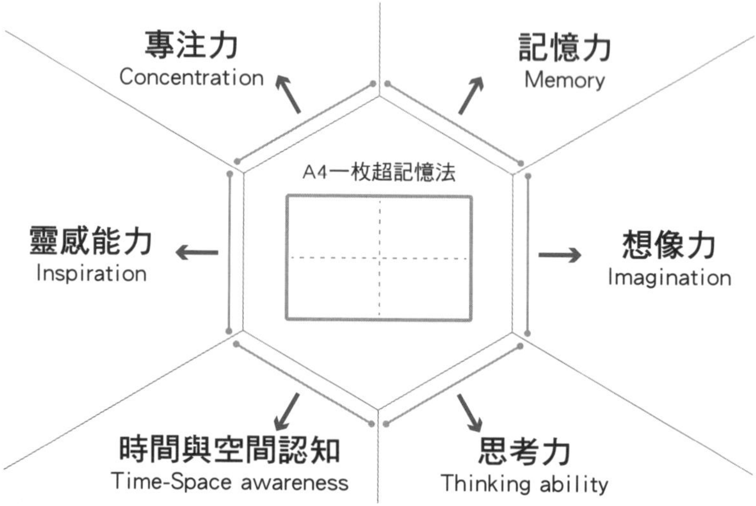

「A4一枚超記憶法」可以提升大腦的各種能力

不只如此，**經過「A4一枚超記憶法」的訓練後，不僅是記憶力可以有所提升，就連想像力、思考力、時間認知與空間認知、靈感能力及專注力等「六大腦力」都會有驚人的成長。**

除了這六大腦力之外，更能徹底提升大腦的所有能力。

這些能力還包含了什麼呢？

例如：構想力、判斷力、直覺力、行動力、表現力、語言能力、閱讀能力、分析力、傾聽能力、感同身受力、洞察力、持續力、忍耐力等等，影響之大不可勝數。

總而言之，學會了這項記憶法，就可以從各種方面提升大腦能力。

現在，比較敏銳的人或許已經察覺到了。本書除了提到記憶法外，各篇章中都隨處可見各式各樣能提升學習效果的方法。希望大家可以將這本書擺在手邊，需要時便能隨時運用。

大腦本來就是一種很懶惰的器官，其最大的目標就是「節能」。

大腦成天只盤算著「不想工作」、「不想改變現狀」、「不想挑戰」、「背誦真是太莫名其妙了！」

也許你會感到很驚訝，其實，只要掌握大腦怕麻煩的本性，就能**取悅大腦，讓大腦更有效率地發揮功能。**本書中正囊括了許多驚人的祕訣。

如果這本書能助你一臂之力，讓你的智慧人生更上一層樓，對我而言就更喜出望外了！

序言

第1章

什麼是A4一枚超記憶法？

第2章 利用A4一枚超記憶法就能輕易記住事物的記憶機制

第3章 A4一枚超記憶法的使用方式

記憶單製作篇

第4章 池田式 絕對不會忘記的IP化十大技巧

第6章 利用五種大腦習慣，讓不認真的人也能提升記憶力

第7章 以記憶力為基礎，琢磨所有的能力

第1章

什麼是A4一枚超記憶法？

A4記憶學習單的製作方式

現在就來製作記憶單吧！

將一張A4白紙分別橫向、縱向對折，讓整張紙呈現出十字形的摺痕。在本書中將左上區域稱為第一象限、右上區域稱為第二象限、左下區域稱為第三象限、右下區域稱為第四象限，在做筆記時，請從第一到第四依序記錄。

※這裡是用日語的諧音，tre諧音鳥（tori）、men諧音眼睛（me）、dous諧音出來（dasu），將這三個字組合在一起，聯想出第四象限的圖片。

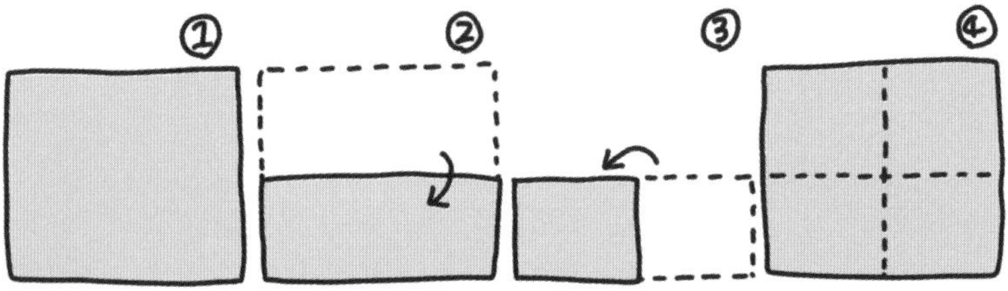

第一象限……問題

以最簡化的方式寫下問題。不要寫成文章，只要寫單字或算式即可。

第二象限……答案

寫下左側第一象限問題的答案。答案內容也要極力簡化。

第三象限……用文字將內容IP化

觀看第一、第二象限的內容，將自己注意到的內容轉化為文字，就算天外飛來一筆也沒關係。

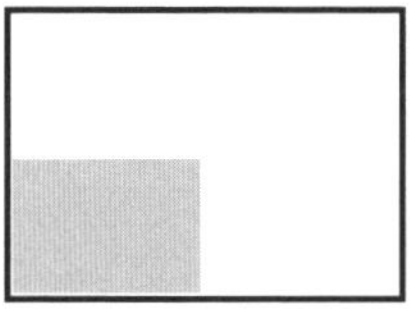

第四象限……用圖像將內容IP化

觀看第三象限的內容，隨意畫上圖像或插畫，像是塗鴉般的筆觸就可以了。

複習……複習四次最有效率

留下記錄複習日期的空格，不要錯過複習的最佳時機！

A4記憶學習單的使用方式

STEP 1 遮住問題以外的區域

依照第一～第四象限的順序瀏覽並記住答案後，只保留第一象限顯示在外（其他區域則以摺疊或用紙蓋住等方式遮蔽）。

STEP 2 只看問題，思考答案

讓自己只看第一象限的問題，思考答案。
絕對不可以偷看第三、第四象限的線索！

STEP 3 對答案

- 「答對」→已經記住了！
  將這張紙收好，在考試前再次確認。
- 「答錯」→隔一段時間再複習，直到自己可以想出正確答案為止。
- 「完全想不起來」→隔一段時間再次複習。可以重新修改第三、第四象限的內容，讓自己印象更深刻會比較好。

STEP 1

遮住問題以外的區域

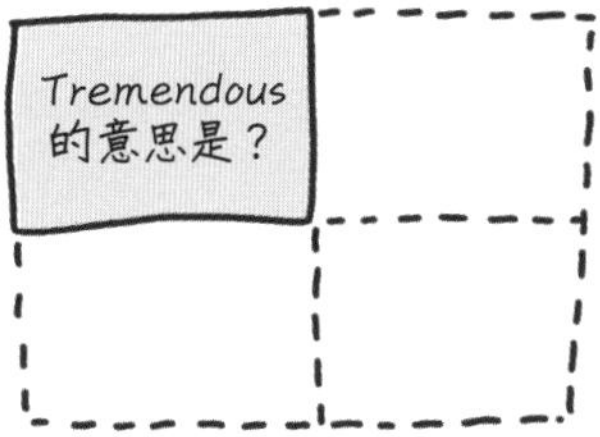

STEP 2

思考答案

STEP 3

若答錯，需修改內容

【怎麼複習？】

以STEP 1～3的順序為一組，至少重複練習四次（＝複習）。這麼一來便能強化記憶，讓記憶固定於大腦中。

【複習的頻率】

- 第一次複習……做好記憶學習單的隔天
- 第二次複習……第一次複習的一週後
- 第三次複習……第二次複習的兩週後
- 第四次複習……第三次複習的四週後

※萬一考試或上台的時間迫在眉睫，可以縮短複習的間隔時間。可配合目的、排程隨機應變，調整成適合自己的間隔。

十大心理效果

製作記憶學習單可獲得的效果

❶ 處理層次效果

比起沒頭沒腦的死背，了解意義後再記住比較不容易忘記。製作記憶學習單的前提正是必須事先了解意義，因此可以獲得處理層次效果。

❷ 與自己產生連結的效果

大腦比較偏好「與自己有關的事物」，這麼一來會讓大腦主動產生想要記住的動機。製作記憶學習單時，就算有點牽強也要設法將該事物與自己（或自己所屬的團體）扯上關係，便能提升記憶力。

❸ 自我生成效果

與其借用別人的構想，不如靠自己創造，就算不太精美、有點「奇怪」也無妨，自己創造出的構想會更容易記住。

❹ 圖像優先效果

比起文字、文章，大腦能更快處理圖像，而且也比較容易留下深刻的印象。

❺ 淨化效果

將自己的感受與心情化為文字或插圖（＝表現自我），能達到釋放心靈、神清氣爽的效果。

A4記憶學習單能獲得的

複習記憶學習單可獲得的效果

❻ 小考效果

利用將答案遮住等「小考形式」，讓自己回想起希望記住的事物，便能讓大腦更牢牢記住。

❼ 分散效果

比起一次記住許多事物，不如一點一滴慢慢記住會比較不容易忘記（反之，在考試前徹夜苦讀一次記住，很快就會全部忘光）。

❽ 提升意志力效果

複習可以讓學習成為習慣，而養成習慣又需要意志力。由於意志力是由大腦前額葉皮質負責，藉由複習可以訓練前額葉皮質，提升意志力。

❾ 單純曝光效應

接觸某種刺激好幾次後，可以讓人感覺對此更親近、也更有好感（＝看過好幾次之後，陌生不擅長的感覺會漸漸消失，甚至變得喜歡了起來）。

❿ 懷舊效果

比起剛記住事物的當下，經過一段時間（休息或睡眠）後會更容易想起記憶。

十大腦科學優勢

❶ 刺激報酬系神經網絡，獲得幸福感、成就感

利用記憶學習單將想要記住的事物分成細項，反覆「設定短暫的目標」，便能刺激報酬系神經網絡，讓大腦更容易分泌出「幹勁荷爾蒙」──多巴胺。

❷ 加強視覺皮層的印象

大腦理解圖片的速度會比文字快十倍（麻省理工學院的研究甚至指出，「大腦只要十三毫秒就能理解意義」）。而且，有大約八成的外部資訊是經由視覺皮層進入大腦，因此圖像更容易增強記憶。

❸ 刺激大腦中的網狀活化系統

「書寫」這個動作可以刺激到腦幹中的網狀活化系統（RAS）細胞，提升記憶力。

❹ 藉由將文字圖像化，可以騙過A10神經群，加強記憶力

將枯燥乏味的言語轉換為圖像，就像是貼上了「愉快」的標籤，可以加速大腦記憶的「步驟」。

❺ 活化「神經突觸的可塑性」！

反覆進行背誦（輸入）與複習（輸出），減少錯誤的過程，可以活化連接神經細胞的突觸，加強記憶力。

A4記憶學習單能獲得的

❻刺激大腦中的蒼白球，提升學習動機

藉由意識到動手或「身體正在動」的行為，便能湧出無關乎意志的幹勁與氣勢。

❼保護工作記憶（前額葉）

可以暫時保存短期記憶的前額葉，必須負責許多精神上的工作。若能將記憶的工作都集中在記憶學習單，就能避免對前額葉造成過多負擔。

❽活化依核，提升記憶力

一旦開始製作記憶學習單，大腦中的依核便會產生反應、變得活躍，生出幹勁並提升專注度，甚至連記憶力都能有所提升。

❾對海馬迴發揮作用，促進長期記憶

當杏仁核給予海馬迴刺激時，會促進原本保存在海馬迴的短期記憶，傳送至大腦皮質。

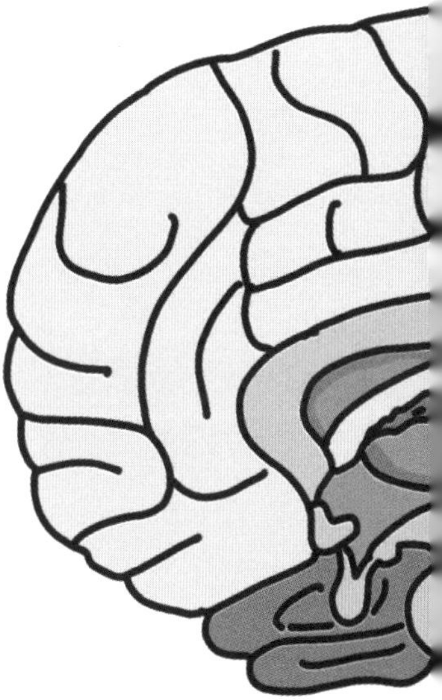

❿刺激杏仁核，對海馬迴帶來影響

藉由記錄在記憶學習單，可以刺激杏仁核，讓大腦產生情感，這麼一來便能刺激到鄰近的海馬迴。

四字成語

四字成語

運斤成風

解釋

形容極為精湛的技藝，或用來比喻具備高超技能的人。

運斤→揮動斧頭　成風→形成一陣風

故事　楚國郢地某人在鼻尖抹上一層薄薄的白灰，匠石揮動斧頭帶出一陣風，除去了鼻尖上的白灰，而郢人卻毫髮無傷。

西歐各國的國名與首都

西歐各國的國名與首都

· 摩納哥
· 法國
· 瑞士
· 列支敦斯登
· 奧地利
· 德國
· 盧森堡
· 比利時
· 荷蘭

· 摩納哥－摩納哥
· 法國－巴黎
· 瑞士－伯恩
· 列支敦斯登－瓦都茲
· 奧地利－維也納
· 德國－柏林
· 盧森堡－盧森堡
· 比利時－布魯塞爾
· 荷蘭－阿姆斯特丹

諧音型記憶法
· 摩納哥－摩納哥的「Monaka餅（最中餅）」很好吃！
· 法國－法國麵包很「酥脆（日文發音為Pari）」
· 瑞士－「伯恩」已經吃過Sweets了嗎？
· 列支敦斯登－想要自費治療牙痛就用「瓦都茲」
· 奧地利－推了門就會打開「維也納」
· 德國－哪個傢伙在搖鈴鐺（Bell）啊？「柏林」
· 盧森堡－盧森「堡」證不喝茶
· 比利時－時間一到就搖鈴（Bell）大特價（Sale）「布魯塞爾」
· 荷蘭－阿姆斯特丹千萬別丟我的冰淇淋

第2章

利用A4一枚超記憶法就能輕易記住事物的記憶機制

進入腦海中的資訊，只要「幾十秒」就能記住

在第二章中，我會以簡單易懂的方式說明記憶的機制。

首先，我要說明的是大腦中維持記憶的兩個「儲藏室」。

關於記憶的研究主要是屬於「**認知心理學**」研究的領域。

如果要用一句話來定義認知心理學，那就是把人類當作是「高階資訊處理器」，藉由解開大腦處理資訊的過程，來了解人類心理活動的學問。

在認知心理學的世界中，是以維持期間的長度為基準，將記憶區分為兩種。

一種是只能記住三十秒～幾分鐘左右的「**短期記憶**」。

另一種則是可以記住更久的「**長期記憶**」。

也就是說，所有進入大腦中的資訊，都可以分類為短期或長期記憶。

■短期記憶……維持期間最久只有幾十秒

隨著時間經過就會忘記的記憶。不過，只要反覆複誦幾次，就可以預防忘記。短期記憶的容量約為7±2（五～九）個資訊量，難以一次記住許多事物（例如：暫時記住初次聽見的電話號碼、心算時只記得需要的部分等，都算是一時的記憶）。

■長期記憶……維持期間最久可達幾十年（半永久性）

長期記憶也被稱為「無限寬廣的記憶之海」，可容納極為龐大的資訊。甚至有專家計算出長期記憶的容量為一千兆個項目（例如：印象深刻的回憶與經驗等）。

當你想要「提升記憶力」時，應該算是哪一種記憶呢？

如果你的目的是「想要在考試或簡報等『正式場合』中維持記憶」，那就不是短期記憶，而是希望這份記憶「可以成為長期記憶」。

那麼，「記憶分為兩種」的這個事實，究竟是在何時被發現的？

答案竟然是十九世紀末！當時美國心理學家威廉・詹姆斯（William James）就已經提出了這個想法。

他將已經牢牢記在大腦的過往經驗與發生的事稱為「二次記憶」（=長期記憶），只在腦海中短暫維持的記憶稱為「一次記憶」（=短期記憶）。

成為記憶達人的關鍵就在於「海馬迴」的使用方式

說到這裡，感覺似乎已經可以聽到有人急切地大喊：

「快點教我把想要記住的事情變成長期記憶的方法！」

現在就一起來了解進入大腦中的資訊，究竟要怎麼做才會變成「長期記憶」吧！

所有進入大腦的資訊，一開始都被當作是「短期記憶」。**唯有通過層層考驗**

脫穎而出的資訊，才會變成「長期記憶」儲存於大腦皮質。在大腦中進行判斷篩選的，就是位於大腦邊緣系統的「**海馬迴**」。

或許有些人曾聽說過海馬迴這個名稱。

在文藝復興後期，義大利的波隆納大學有一位名為Giulio Cesare Aranzi的解剖學家，據說他認為大腦中的此部位形似希臘神話中海神波賽頓的坐騎「海馬」，據此命名為海馬迴。海馬迴位於耳朵內側部位，左右各有一個。

此外，這裡也是大腦當中唯一一個會持續新增神經細胞的部位，因此**只要鍛鍊海馬迴，便能提升記憶與思考能力**，讓大腦各部位變得更發達。海馬迴正承擔著「判斷資訊重要性」的重責大任。

所以，海馬迴又有「**記憶司令官**」、「**記憶裁判**」、「**必殺分類帽**」等稱號。事實上，唯有被海馬迴判斷為「重要」，並通過海馬迴的資訊，才能成為「長期記憶」儲存於大腦皮質中。

反過來想，**只要能被海馬迴判斷為「重要」，即使是短期記憶也能晉升為長**

只有通過負責守門的海馬迴，才能成為長期記憶

期記憶。

要被海馬迴認定為「長期記憶」，必須具備這三大條件：

❶**意志**……「想要記住」的意志非常重要（大腦只要專注於學習，就會認知到現在自己是「認真」的，打開記憶的開關）。

❷**次數**……為了讓記憶牢記在大腦，就必須複習（大腦會將重複輸入好幾次的資訊判斷為「重要」，將這些資訊保留成記憶）。

❸情感……越是讓人心生動搖、產生情感的記憶，越容易留在大腦裡（大腦會優先記憶帶有情感的資訊，因此會對感覺好玩有趣的學習立刻產生反應）。

相信大家從過往的經驗中，應該都已經很了解「①意志」與「②次數」的重要性，所以我現在要針對「③情感」做更進一步的說明。

情感與海馬迴旁邊的「**杏仁核**」這個小小的區域有著密切的關聯。

杏仁核位於海馬迴旁邊、側腦室深處，直徑約一公分左右。杏仁核的功用是區分「愉快、不愉快」的感受。

當杏仁核判斷一件事屬於「愉快（喜歡）」，便會分泌一種名為多巴胺的神經傳導物質（讓人獲得快感、幸福感，產生並感覺到動力的荷爾蒙），同時也會帶給海馬迴更多的刺激。大腦分泌出多巴胺後，不僅記憶力會提升，思考能力也會變得更深入，還能帶來成就感，發揮許多功效。

反之，當杏仁核判斷一件事屬於「不愉快（討厭）」，便會分泌出壓力荷爾蒙，使記憶力等各種能力下滑，原本應該增加的神經細胞不但會變得難以增加，以長遠的眼光來看，甚至還會導致海馬迴萎縮。

換句話說，只要利用杏仁核產生積極正向的情緒，便能刺激海馬迴強化記憶力，讓短期記憶更容易晉升為長期記憶。

舉例來說，快樂的回憶由

只有感受到「愉快（喜歡）」時，記憶力才會有所提升

於印象深刻、帶來強大的情緒波動，因此無須刻意記住，也能自然而然保留在記憶中。

若能將這樣的大腦運作機制應用在學習上，記憶當然也能有所提升。

所謂的記憶力，就是「加工資訊」的能力

那麼，該怎麼做才能長久維持經海馬迴判斷為「重要」的資訊呢？

我們可以做到的記憶法有兩種。

第一種是反覆背誦的方式。

認知心理學將這個方式稱為「**維持性複誦**」，維持性複誦正如其名，便是**「為了維持記憶，自己反覆複誦」的方法。**

雖然我剛剛也說過，「要被海馬迴認定為長期記憶的三大條件」中就包含了「次數」，不過，同一件事情灌輸進大腦好幾次，也只能維持、記憶幾十秒左右而已。

舉一個大家都很熟悉的經驗，背誦「九九乘法表」正是「維持性複誦」最具代表性的例子。

一般而言，小學二年級會教到九九乘法表。大部分的孩子都是在複誦好幾次的過程中，漸漸能背出一到九的乘法表。

就算長大成人後，大家應該在記憶時多少都還是會用到維持性複誦。例如要記住別人或店家的電話號碼時，你應該也有反覆默唸好幾次的經驗吧！

（雖然現在智慧型手機非常普及，一瞬間就能輕易交換電話號碼；或是手上剛好有帶筆記本，也能立刻正確記錄下來。）

又或者是去購物時，你是否也曾反覆默念：「今天要買白蘿蔔、豬肉、洗潔精。白蘿蔔、豬肉、洗潔精……」想要藉此記住採購清單呢？

這些正是維持性複誦。

另一方面，第二種記憶法則是**「精緻性複誦」**。

或許有些人看到精緻，就會從字面上將精緻性複誦解釋為「注意到極為細節的部分」。但事實上在認知心理學的世界中，使用「精緻」一詞是代表「有效率的記憶法」之意。

簡單來說，這個方法就是**「不要將接收到的資訊囫圇吞棗，而是要賦予跟自己有關的新意義，再灌輸進大腦中」。**當你接觸某個新資訊時，若是心裡有所察覺、腦海浮現出某些畫面，就能讓記憶精緻化。

舉個例子來說，假設我們正在背「export」這個英文單字。「ex」這個字首是「外面」的意思，「port」則是「搬運」，所以合起來就是「搬運到外面」，也就是「輸出、出口」之意。若能察覺到這些細節，便能達到精緻性複誦的效果。

如果是其他無法像這樣分解的英文單字，例如在背「solve」（動詞）這個單字時，就可以**在大腦中想像「自己正在考試解題的樣子」，也能達到很好的精緻化效果。**因為此時在你的想像中出現了「自己」。

大腦最喜歡「跟自己有切身關聯的事物」。只要在記憶時融入自己的形象，

只要將自己的形象融入想像當中，
就能達到絕佳的「精緻性複誦」效果

便能啟動**「與自己產生連結的效果」**，進一步強化記憶。

此外，從以前就有很多人運用的「諧音法」也屬於一種精緻性複誦。「平安京遷都，黃鶯都哭了（諧音794）」、「應仁之亂，人世虛空（諧音1467）」、「足利義昭，以後落淚（諧音1573）」、「江戶幕府，人群騷動（諧音1603）」、「帝國憲法，搶先一步（1889）」……等等。

在學習歷史時，應該有很多人

都是像這樣利用諧音來記住各大事件發生的年代吧！

像這樣**將資訊稍微加工（＝精緻化）**，**就能讓「短期記憶」更容易晉升為「長期記憶」**。

「反覆複誦」不僅苦悶，還只能保持短時間的記憶

似乎有些人會覺得：「還要自己加工資訊，真是太麻煩了。我只要像機器一樣反覆默唸，使用維持性複誦這個方法就好。」我非常了解大家的感受（笑）。

不過，維持性複誦的效果極為有限。**利用維持性複誦將短期記憶確實晉升為長期記憶，要花非常多時間才能辦到，效率極低。**

當然凡事都有例外。例如自己的電話號碼、生日這種跟自己切身相關的資訊，就可以靠維持性複誦長久記住。但這也是因為**這些是跟自己切身相關的重要資訊**才能辦到。如果忘記這些重要資訊，甚至會對日常生活造成很嚴重的影響，可說是生活中不可或缺的資訊。

可是，像是成人在準備證照考試等需要記住陌生資訊時，就算不記得這些資訊，也不會對日常生活立即造成阻礙。

這種時候，要光靠維持性複誦長久維持記憶就是幾乎不可能的任務，而且最重要的是本人會先筋疲力竭。甚至會產生「這麼多根本記不住」的感覺，反而讓自己開始討厭學習。

雖然如此，**光靠維持性複誦無法長久維持記憶，跟「本人的努力與堅持不夠」完全無關，不必與自己的意志力扯上關係。**比起這些，無法長久維持記憶的原因反而與人類大腦的發展階段更有關聯。

在小學低年級前，小孩的大腦最擅長記住「無意義的事物」。

所以，小孩最適合背誦九九乘法表，或玩撲克牌對對碰遊戲，將「所見所聞直接記住」。

像是在玩撲克牌對對碰遊戲時，如果不利用記憶的技巧，我可能還會輸給小學二年級的孩子。

（大人需利用精緻性複誦的技巧來記住撲克牌的花色。）

不過，隨著年齡漸漸成長，大腦的特性也會隨之改變。

身兼教育學家、發展心理學家的尚・皮亞傑（Jean Piaget）主張，到了小學高年級左右，「大腦就能做到理論性的思考與記憶」。換句話說，由於大腦的構造改變，人類到了小學高年級之後就會變得難以記住「無意義的事物」。因此，**大人如果想要靠維持性複誦記住新資訊，是非常高難度的挑戰。**

另一方面，從大腦的機制來看，也不適合依靠維持性複誦來記住新資訊。維持性複誦最主要的功效是「將資訊儲存成短期記憶」。雖然短期記憶不是不可能晉升為長期記憶，但需要花非常多的時間。

那麼，大腦是怎麼將資訊儲存成「短期記憶」的呢？答案是利用**「工作記憶」**。

工作記憶是由大腦前額葉掌控的功能，前額葉不只是能維持資訊，還負責許多其他精神上的工作。

舉例來說，當大腦瞬間記錄了剛剛接收到的新資訊時，就會先整理優先順序，決定「要回應哪些資訊」，並刪除自己不需要的資訊。**工作記憶發揮作用時，大腦可以用忙得不可開交來形容。**

如果是藉由維持性複誦將資訊儲存於短期記憶的情況下，就是由工作記憶負責管理。這麼一來，各種資訊當然會全部混雜在一起，很快就會被遺忘。

舉個最簡單的例子。

利用維持性複誦記住電話號碼後，如果開始數數字會怎麼樣呢？無論是再怎麼有幹勁，或大家都誇他「聰明」的人，只要數到好幾十後，原本已經記住的電話號碼也會拋到九霄雲外。

這是因為工作記憶的容量有其極限，這也是沒辦法的事。所以我們才需要將記憶變得精緻化。如果可以利用諧音的方式記住電話號碼，就算之後要數到幾百、幾千，都還是能輕鬆喚起記憶才對。

記憶流程的三步驟是「記住」、「維持」、「想起來」

前面的篇幅已經詳細說明了「維持性複誦」與「精緻性複誦」這兩種記憶方式，無論是哪一種方式，共通點都是「記憶的流程」。

站在專家的角度來看，記憶的流程可分類為接下來三個步驟：

❶「將想要記住的事情灌輸進大腦好幾次」→**「記住」**
❷「保持記憶」→**「維持」**
❸「回想出來」→**「想起來」**

唯有經過這三個步驟，資訊才能稱之為「記憶」。

「維持性複誦」與「精緻性複誦」之間最大的差異，就在於「記住」的階段。藉由「反覆背誦好幾次」的方式維持記憶，就是「維持性複誦」（但記憶只能維持很短的期間）。

若能藉由**「在大腦裡將資訊加工得很有亮點」**的方式，有技巧地維持記憶，就是「精緻性複誦」（記憶可以維持很長的期間）。

看到這裡，你會選擇哪一種記憶方式呢？比起「維持性複誦」，應該幾乎所有人都會想選「精緻性複誦」吧！

話說回來，在反覆進行維持性複誦的過程中，有可能因為說錯或記錯而導致自己記住錯誤的資訊。尤其是電話號碼，只要背錯一個數字就功虧一簣了（笑）。也因此，記錯風險極低的「精緻性複誦」當然好得多了。

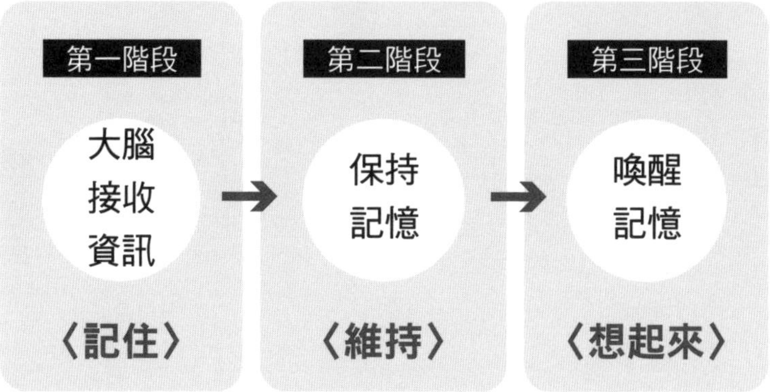

所謂的「IP化」就是為記憶貼上標籤

究竟要怎麼做，才能達到精緻性複誦呢？

精緻性複誦的本質是**「利用技巧將想要記住的事物與情感做連結」**。

再講得詳細一點，就是將「想要記住的事物」圖像化、賦予故事內容等，讓大腦看見加工後的資訊。

其實以往所謂的「記憶術」，多少都有納入認知心理學的「精緻性」思維，也可以用「以更具體的方式套進記憶裡」來形容。至少年過四十五歲後才踏入記憶世界中的我，是這樣認為的。

不過，每種記憶術流派通常只會介紹一種方法，常會遇到「這種方法完全沒辦法用在記住○○」的情況，令人洩氣不已。所以，我才會想要「研究出一種可以應付所有種類事物、廣泛性高的記憶法」。

於是，我建立出了一種名為「ＩＰ記憶法」的體系，經過重重改良後，不僅適合日本人，也依照記憶內容來區分記憶的方法。我擷取了**「以往各種記憶法的優點」，更有效地整合這些優點，全新的記憶法於焉誕生。**

也就是說，ＩＰ記憶法是超越以往種種記憶法的「萬能記憶法」！

本書中介紹的**「IP化」不僅連一般人都能輕易運用，而且也將「精緻性複誦」的技巧整理得更具體易懂**。接下來我會再詳細說明ＩＰ化的具體方法，現在我想先為各位講解ＩＰ化的定義。

所謂的ＩＰ就是Image Processing的縮寫，中文可以翻譯為「影像處理」。

不過，我所說的「Image」並不僅只是「在眼前浮現出的景象」而已，更**包含了觸感、氣味、味道、聲音等，與所有感官都有關聯的印象與微妙的感受。**

從記憶對象中擷取出這些「Image」，連結起其他事物，或用簡單易懂的言語進行加工，甚至是利用記號、語言、印象來互相取代，像這樣進行處理（Processing）的過程，就是我所謂的ＩＰ化。

簡單來說，**ＩＰ化就是「為了讓大腦更容易記住資訊，將資訊分解、轉換、加工、賦予關聯性的技巧」總稱**。

例如：要記住毫無關聯的一長串數字、英文單字、困難的漢字、年表等圖表時，都可以分別用不同的技巧來進行加工。關鍵就在於要利用語言或圖像化的方式來加工資訊。

本書中將會傳授給大家十種最適合套用在Ａ４紙記憶法的ＩＰ化技巧，無論是面對學校課程中的所有科目，或是各種證照考試都可以無往不利。廣泛性極高正是ＩＰ化最大的特色。

而且，我的目標是**「每個人都能實踐」**，特別著重於希望每個人都能複製同樣的經驗，最後研究出的結果就是「一張Ａ４記憶學習單」。希望你也能親身體驗到ＩＰ化優異的成效與樂趣。

打個簡單的比喻，**ＩＰ化就像是為雜亂無章的資訊貼上標籤，在腦海中有效率地整理、收納這些資訊。**

只要將記憶IP化，就能隨時取出需要的資訊

像是在用電腦處理工作時，通常我們都會為每個專案製作一個資料夾，將相關資訊都收在同一個資料夾當中。這麼一來，電腦桌面看起來就不會顯得亂七八糟，要尋找相關資訊時也能更順暢進行。要是沒有製作資料夾，讓檔案雜亂無章地並排於桌面，光是要找出檔案就會浪費許多時間。

孩子們的玩具也是一樣。如果將各種玩具隨便塞進一個大箱子裡，當孩子想要找出喜歡的玩具時，當然會找不到。

如果可以將玩具分類成「扮家家酒類」、「玩偶類」、「畫畫用具」、「繪本」等，就能很快找到想要的玩具了。

充斥著各種資訊的大腦當然也一樣。因為ＩＰ化就像是「為資訊貼上標籤」一樣，所以隨時隨地都能迅速取出當下需要的資訊。

本書將會毫無保留地傳授所有整理、收納資訊的ＩＰ化技巧。

高學歷菁英都在下意識中做這件事

儘管如此，大家也不必擔心：「ＩＰ化聽起來好像很難……」雖然每個人的使用程度不同，但**一定都曾實踐過這個名為ＩＰ化的記憶法**，最具代表性的就是之前提到的諧音記憶法。

讓我舉幾個最有名的例子，相信大家一定都有聽說過。

●無理數√2一直到第八位小數點（1.41421356）→「意思意思而已……」

●元素原子序號表一到十（氫、氦、鋰、鈹、硼、碳、氮、氧、氟、氖……）→「侵害鯉皮捧碳蛋養福奶」

●「親」的寫法→「站在木頭上面看」

也許是受到諧音法的啟發，有些人真的可以在下意識中用自己的方式將資訊ＩＰ化，在現實生活中派上用場。

接下來我要告訴大家，畢業於京都大學的主播Ａ，他的親身經歷。

當時，我是在大阪的電視台遇見Ａ，那時我們正在合錄一個綜藝節目。那個綜藝節目的主題是：「讓沒有學習過記憶法的來賓，在有限的時間內記住大量資訊。」其中，Ａ以脫穎而出的好成績拔得頭籌。

深感訝異的我在節目結束後，特地去請教他：「請問你是怎麼記住的呢？」

他的回答讓我大吃一驚。

「因為我是關西人，是個不折不扣的阪神虎粉絲。（笑）阪神虎歷代選手的名字與背號都深深烙印在我腦海裡，所以我在記東西時，會把想要記住的內容跟選手姓名或背號，用我自己的方式做連結再記在頭腦裡。」

當我了解他的方式後，也忍不住感嘆「原來如此！」

根據我的觀察，像Ａ這樣在學校教育中備受肯定的人，很可能會在下意識中以自己的方式創造出獨門記憶法並靈活運用（或許你早就已經開始這麼做了）。

我告訴Ａ：「這正是記憶法的其中一種，你真是太厲害了！」後來就與他道別了。

就算只是片段式的也好，如果可以有越來越多人像他一樣「在日常生活中將ＩＰ化記憶法實際派上用場」，該會是多麼美好的一件事呢？這麼一來應該就能讓更多人，更早實現自己的夢想吧！

不過遺憾的是，這樣的人畢竟還是少數。所以我才會想要將ＩＰ化的技巧推廣給更多人知道。**若是有越來越多人用最短的路徑便能實現夢想，整個國家應該**

也會變得更幸福吧！

日本人從以前起就被灌輸「勤勉」、「認真」、「努力」是美德的觀念，這些當然是很值得鼓勵沒錯，我並不是要否定勤奮不懈的精神，只不過，**在某些需要記憶背誦的時刻，勤奮不懈的精神反而會帶來壞處。**

- 該怎麼做才能有效率地快速確實記住大量資訊呢？
- 有沒有可以偷懶的部分呢？（將自己擁有的資源發揮至極限）
- 要怎麼做才能輕鬆記憶呢？（提升持續力）

我認為上述這些想法也非常重要，因為我們能運用的時間極其有限。

在被「一大堆要記住的事物」淹沒之前，應該先檢討自己的記憶方式。
探詢捷徑。
尋找更有效利用時間的方法……。

在這些前提下，我認為「不那麼認真」的態度更能幫助記憶。
請大家成為「怕麻煩的人」吧！
我將會在第六章中詳細說明**「不認真，萬歲！」**的道理。

德川家15位將軍

德川家15位將軍

1 ____	6 ____	11 ____
2 ____	7 ____	12 ____
3 ____	8 ____	13 ____
4 ____	9 ____	14 ____
5 ____	10 ____	15 ____

1. 家康	6 家宣	11 家齊
2 秀忠	7 家繼	12 家慶
3 家光	8 吉宗	13 家定
4 家綱	9 家重	14 家茂
5 綱吉	10 家治	15 慶喜

1→諧音草莓 家康→健康「吃草莓就會健康」
2→庭院 秀忠→鬱金香「在庭院裡綻放的鬱金香」
3→秋刀魚 家光→光「秋刀魚在發光」
4→臀部 家綱→繩子「在臀部綁繩子」
5→垃圾桶 綱吉→大吉籤「把大吉籤丟垃圾桶」
6→岩石 家宣→門把「在岩石上裝門把」
7→斜斜的 家繼→補丁「斜斜的補丁」
8→蜜蜂 吉宗→胸部「胸部被蜜蜂叮了一口」
9→椿 家重→草地「在草地上打椿」
10→獸醫 家治→治療「獸醫治療動物」
11→狒狒 家齊→鐘「狒狒敲鐘」
12→胃 家慶→OK「胃很OK」
13→帽沿 家定→尺「用尺當帽沿」
14→小雞 家茂→麻糬「小雞搗麻糬」
15→飛機 慶喜→蛋糕「從飛機上丟蛋糕」

※多以名字最後一個字的日文發音做聯想。

get的片語動詞

「get」的片語動詞

・get up ☐	・get by ☐
・get along ☐	・get away ☐
・get over ☐	・get through ☐
・get out ☐	・get together ☐
・get in ☐	・get on ☐

・get up－起床	・get by－經過
・get along－好好相處	・get away－逃離
・get over－克服	・get through－通過
・get out－出去	・get together－聚會
・get in－進來	・get on－著手進行

get的含意「獲得」、「適合～」

・up「往上」→起床	・by「經過旁邊」→經過
・along「沿著」→好好相處	・away「離開」→逃離
・over「超過」→克服	・through「穿過」→通過
・out「往外」→出去	・together「一起」→聚會
・in「往內」→進來	・on「連接」→著手進行

第 3 章

A4一枚超記憶法的使用方式

記憶單製作篇

頭腦好與頭腦不好的人，差別只在於「大腦的加工技術」

前一章已經說明了關於IP化的定義。

所謂的IP化就是為了讓大腦更容易記住資訊，**將資訊分解、轉換、加工、賦予關聯性的技巧總稱**。現在就來看看更具體的說明吧！

如果是利用維持性複誦的方式直接記住單純的文字資訊，我們稱之為「語意記憶」。

例如要記住「$\sqrt{3}$是1.7320508……」這種近似值時，由於數字的排列本身並沒有意義，要直接記住數字非常困難。不過，若能將「1.7320508」稍微加工成「一妻三兒零我零爸」的諧音梗，便能賦予數列意義（變得有意義），讓印象變得具體，讓心裡湧起「真有趣……」的感受，便能使大腦產生一連串的變化。

當杏仁核受到情感驅使產生反應，鄰接的海馬迴也會產生強烈反應，因此能形成長期記憶。像這樣**帶有情感的記憶，便稱之為「情節記憶」**。

如上述般對資訊進行加工，就是我所謂的ＩＰ化。

有一次參加腦力錦標賽時，我需要記住名為「貝辛格森・威斯特」的外國人姓名。由於姓名本身對我而言沒有意義，要記住非常困難。所以我就嘗試編出了下列的故事：

「這個人是一位拳擊手，在參加比賽前減重過程很不順利，所以被教練斥責，站在體重計上垂頭喪氣。」（拳擊手諧音「貝辛」、體重計諧音「威斯特」、垂頭喪氣諧音「格森」）。

也就是說，在自己的腦海中**讓印象變得越來越立體，藉由編出「有個人被罵了很可憐」的情境讓自己的情感產生反應**，便能使杏仁核與海馬迴發揮強烈的作用，塑造出情節記憶，讓記憶晉升為長期記憶。這樣的加工方式也是ＩＰ化的方法之一。

換句話說，**ＩＰ化的關鍵就在於必須加工資訊，讓印象變得更深刻。**

說得再深入一點，其實**壓縮資訊也是ＩＰ化的方法之一**。越是能井然有序地大量壓縮龐大資訊的人，越能記住更多資訊。

舉例來說，日式飲食的基本調味料「SA、SHI、SU、SE、SO」，以及營養均衡的食材「MA、GO、WA、YA、SA、SHI、I」都是很簡單易懂的例子。

- SA、SHI、SU、SE、SO

「SA」……砂糖
「SHI」……鹽
「SU」……醋
「SE」……醬油
「SO」……味噌

- MA、GO、WA、YA、SA、SHI、I

「MA」……豆類

「GO」……芝麻
「WA」……海藻
「YA」……蔬菜
「SA」……魚
「SHI」……菇類
「I」……薯類

「SA、SHI、SU、SE、SO」與「MA、GO、WA、YA、SA、SHI、I」都是**屬於壓縮資訊的方法，又名為分段理解（chunking）**。Chunk是「段落、區塊」的意思。為資訊分段時，在腦海中想像的過程非常重要。

像這樣將所有資訊都轉為印象，便比較容易保留於記憶中。因為，只要**把資訊轉為印象，在大腦中浮現出該印象，大腦就會誤以為那是自己「親身經歷過」的事情**。尤其是自己特別感興趣的事物，大腦無法區分是現實（真實經歷）還是

創造出印象（IP化）

↓

大腦誤以為這是親身經歷過的事

↓ 不會忘記

成為長期記憶

虛構（印象），而且**印象越強烈，便越能強烈地驅動情感，在腦海中保留成深刻的長期記憶。**

不過，在運用A4一枚超記憶法時，有一個地方必須留意。

那就是一定要先理解你要記住的事情內容。若只是含糊籠統地大概理解，就算真的能順利記住，一到了考試現場還是無法真正派上用場。

請大家不要只是停留在記住就好的階段，唯有徹底理解才能讓記憶順利輸出，在試場上無往不利！

以手寫的方式喚醒大腦

A4一枚超記憶法最大的特色就是必須手寫。**希望大家可以親手寫（畫）出內容，而不要使用電腦或手機等3C產品製作文章或插圖。**

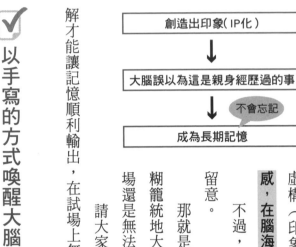

當然，凡事都會有例外。

像是以後大家已經非常熟悉ＩＰ化的技巧，要將大量資訊壓縮進一張紙的情況。

這種情況下，可以將問題（第一象限）與答案（第二象限）以「縮小複印的方式貼上」。不然就要將字體寫得很小，不僅寫起來很累，閱讀起來也會很吃力。

不過，就算是在這種情況下，需要ＩＰ化的空間（第三、第四象限）還是須親自動筆完成。因為透過手寫的過程，才能促進大腦變得更靈通。這麼一來，除了可以驅動情感與思考之外，還能更進一步整理資訊內容、促進大腦理解，便能更容易記住。比起用鍵盤或手機打字，手寫的功效更為顯著。

手寫為什麼會帶來如此豐富的功效呢？

因為指尖具有非常多的神經細胞。**越常使用手指，就越能讓指尖的神經細胞連結大腦，促進大腦的神經細胞發揮作用**。關於這點，大家只要參考「皮質小人

皮質小人模型

圖」就會很清楚了。

皮質小人圖是由加拿大的神經外科醫師懷爾德・潘菲德爾（Wilder Penfield）繪製，用來表現出支配身體各部分的「腦神經細胞量」與「身體表面積比例」。簡單來說，大家可以將這張圖解釋成：**「看起來越大的部位，會使用到越多大腦」**。

具體而言，這張圖中的手部與口部顯得特別大，但身體、雙腿與手臂看起來則比較小。

也就是說，雖然大腦操控著全身的部位，但程度並不是每個部位平均瓜分，而是特別偏重於手與口。腦科學權威久保田競（京都大學名譽教授）也在其著作《手與腦》（手と脳，紀伊國屋書店）中指出：「越是高等的動物，手與口能做到的範圍就越廣」。

「皮質小人模型」就是將皮質小人圖立體化的產物，該模型目前正於倫敦自然史博物館展出。如果大家有機會前往欣賞，便能清楚看出手與口遠大於身體其他部位。

「比例顯得特別大的手與口，比身體其他部位用到更多大腦。」

換句話說，「**越常使用手與口，越能促進大腦活化**」。因為身體各部位與大腦會互相帶來連鎖反應，也因此，我建議大家以「手寫」的方式操作A4一枚超記憶法，才能讓大腦更加靈敏。

此外，還有很多科學根據證明了手寫的好處。

①日本東北大學的研究

使用自己的指尖**「手寫」需要細膩的指尖動作，可以活化大腦的「前額葉」，讓人更容易留下記憶**。另一方面，研究結果也指出**若是使用電子工具則無法幫助活化大腦。**

②挪威斯塔萬格大學與法國艾克斯馬賽大學聯合研究

利用磁振造影（ＭＲＩ）掃描檢查手寫與打字時的大腦狀態，**發現只有手寫的人在大腦負責處理語言的「布羅卡區」（Broca's area）變得活躍。**

③美國普林斯頓大學與ＵＣＬＡ的三項聯合研究

第一項研究中，將人群分為手寫組與電腦打字組，分別讓兩組人聆聽十五分鐘的演講並做筆記，再測驗兩組人的理解程度。雖然在關於事實的問題上兩組人的表現並沒有差異，不過，**若是需要思考的概念性問題，則是手寫組的表現較為優異。**

第二項研究是請電腦打字組成員用自己的語言做筆記，對兩組人進行同樣的測試後，結果電腦打字組的測驗成果比較差。

第三項研究則是請兩組人看自己的筆記複習並準備考試，一週後進行同樣的測試，結果是**手寫組的成績較為優異。**

※原因可能是「用電腦打字做的筆記失去了手寫記錄的優勢，也就是『要先理解內容，用大腦融會貫通，趕緊將聽到的語詞寫下來』」。

除此之外，美國內布拉斯加大學林肯分校的肯尼斯・基耶夫拉（Kenneth Kiewra）也表示：「手寫比打字更能表現出自己的想法。」

大名鼎鼎的比爾・蓋茲在開會或演講時，也都會帶著「手寫專用筆記本」，自己寫下嚴謹的筆記，而不是交給屬下處理。就連這位獨步全球的資訊科技業界領頭羊都堅持親自手寫，而不使用數位產品代勞，這是多麼深遠的啟發啊！

在手寫的當下，並非把「所見所聞」如實記錄下來，而是要先「**轉化為自己**

的語言」再記錄，比打字多了一道手續。也就是說，**以整理重點的方式，將具體的語言變抽象的過程**。在這個瞬間，情感會產生波動，記憶也會被強化，也比較容易讓人湧現出新的靈感，所以手寫才會創造出獨特的價值。我非常重視手寫的效果，將其稱為「**進入思考的空隙**」。

實際操作A4一枚超記憶法時，請大家一定要意識到手寫的優點，實際動手寫下內容，才能賦予資訊全新的價值。

速度會幫助記憶

既然大家已經了解到手寫的優異效果，接下來就實際製作一張A4記憶學習單吧！

製作方式很簡單，只要把一張A4白紙分別縱向與橫向對折，區分成四個空間，以「Z」字型的順序填入內容即可。

為什麼要用「Z」字型的順序呢？因為**這跟大腦在進行IP化的流程一樣**。

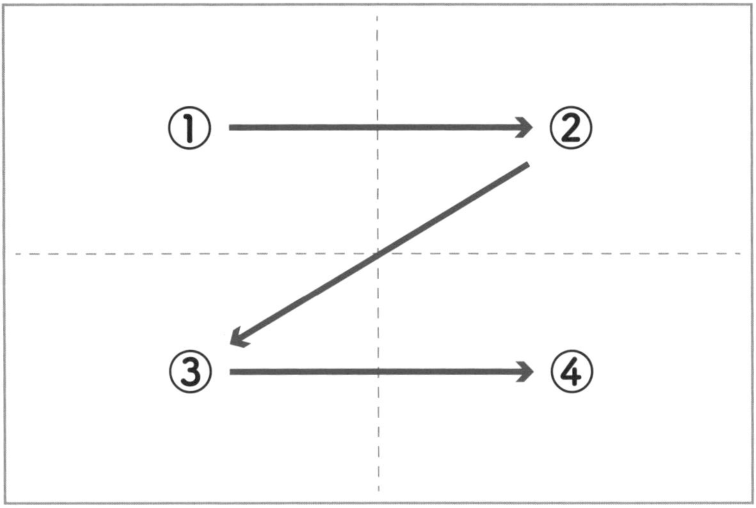

「問題」→「答案」→「藉由文字ＩＰ化（察覺到特色）」→「藉由圖像ＩＰ化」，只要照著這樣的順序念過去，不必費力思考，大腦就會自動發揮記憶。

由於格式本身已經很流暢，在動手書寫時請大家盡量維持較快的速度。祕訣就在於不要給自己太大的壓力，把「一定要做得很完美」、「要提高完成度」等念頭拋在一邊。

因為記憶學習單本來就不是「為了讓別人稱讚用的」。無論記憶學習單上的插畫畫得多好、諧音梗多巧妙，也不會因此而蒐集到許多人按「讚」。最重要的應該是「你自己是否能在關鍵時刻獲得理想的結果」才對。

所以，無論記憶學習單的成品再粗糙、再奇怪、再不合常理也無所謂；只有你自己看得懂也沒關係。其實，這樣的記憶學習單反而能帶給大腦更強烈的印象。

製作記憶學習單最重要的就是自己動手書寫（畫畫）的過程。

靠自己的力量將想要記住的事物IP化（自己構思印象）時，**自己、周遭的人、自己喜愛或感興趣的事物會比較容易出現在想像當中**。也就是說，將新的資訊與自己腦海中的既定資訊產生連結，會更容易幫助自己記住新資訊**（與自己產生連結的效果）**

此外，追手門學院大學的豐田弘司教授的研究中也指出：比起「實驗者呈現的精緻化（別人做的精緻化）」，「自己生成的精緻化（由要記憶的本人所做的精緻化）」在記憶測驗中的成績會比較高**（自我生成效果）**

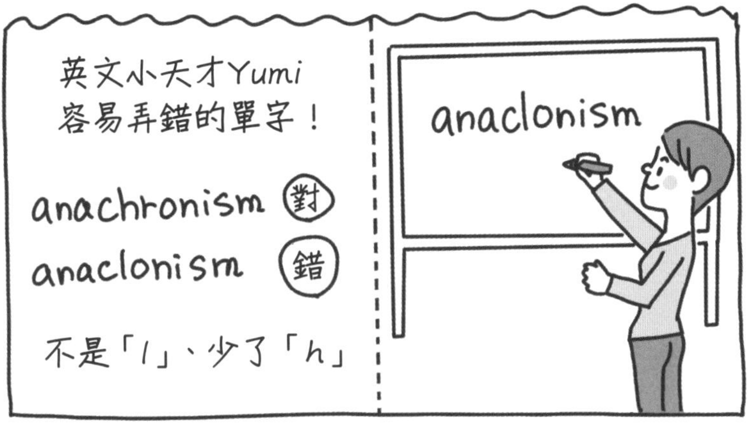

這樣看來，即便是**「筆誤」也是你重要的一部分思考軌跡**，因為這也是你自我生成的結果之一。藉由分析自己「我為什麼會這樣寫錯」，也可以從中窺見一些靈感。所以，**刻意保留筆誤的部分也能有效幫助記憶。**

儘管如此，有時候也會出現「無法ＩＰ化」的時刻。例如：

「這個年號實在沒辦法想到適合的諧音。」

「我沒辦法從這個英文單字中聯想到任何圖像。」

正所謂危機就是轉機。

因為「ＩＰ化遇到瓶頸」，會讓人產生

「難過」、「不甘心」的感受，正適合轉變為「情節記憶」。這時，不妨老實在記憶學習單寫下：「這個字怎麼也聯想不出來！」

或者是寫下跟這項事物有關的事實也可以。

「補習班同學田中也誤以為『應收帳款可以適用於一年的基準』，這是會計很容易弄錯的重點！」

「Yumi把anachronism寫錯成anaclonism，其實不是l，而且還少了h，要多留意！」

比起什麼都沒寫，至少像這樣寫一句話，更能讓自己積極記住這件事。因為只要書寫下來就能大幅度地驅動情感，這樣也可以算是廣義的ＩＰ化。

萬一手邊完全沒有任何資訊與時間，就**將該處保留空白，等到有靈感時再填進去即可**。在反覆練習的過程中，也許就能想到適合填入的內容。

舉例來說，在記「井伊直弼」時誤將「井伊」誤答為「伊井」時，為了讓自己產生這個姓氏是由「井」開頭的印象，可以在第三象限寫上：**「井伊直弼在**

櫻田門外之變中是經過水井入城時被暗殺。」然後，在第四象限中就可以畫出**「井伊直弼」**、**「水井」**、**「櫻花」**等插畫來幫助記憶。

（雖然是湊巧，但井伊直弼真的是在『櫻花樹旁的水井』旁入城時，被水戶浪士們暗殺身亡……。不過，**在進行IP化的過程中不必執著於真正的事實，就算很牽強或虛構也沒關係。）**

千萬不要將記憶學習單看作是追求完美的「作品」，而是要當成可以徹底利用的「工具」即可。重點是要在「關鍵時刻展現成果」，讓自己不斷累積成功的體驗。

只要一張紙就能搞定，所以能輕易維持「愉快感」

Ａ４一枚超記憶法的最小單位只有「僅僅一張紙」而已，這也是這個記憶法最吸引人之處。

大腦具有**喜歡掌握整體面貌的特性**。

由於只是一張Ａ４大小的紙，不必翻頁就可以將全貌盡收眼底，不會讓大腦陷入不安、擔心「看不到盡頭」（帶來不愉快感），而且正是因為知道「只有這樣而已」，大腦便能產生安心感（帶來愉快感），進而促進大腦發揮最佳表現。

接下來，我要針對大腦的「愉快感」與「不愉快感」詳細說明。

從腦科學的角度來看，大腦做出的決策與隨之而來的身體反應，只會分為「愉快」與「不愉快」兩種而已。就如同我先前提及，大腦中的杏仁核會將感官獲得的資訊區分為「愉快」與「不愉快」。

當杏仁核將眼前的事物判斷為「愉快」時，報酬系神經網絡便會分泌出多巴胺，同時帶給附近的海馬迴正向刺激，就連記憶力都能獲得提升。

我們的大腦總是趨向朝著「愉快」的方向行動，避免接觸「不愉快（危險）」的事物。所以，**無論是記憶或學習，都要引導大腦認定這是一件「愉快」的事才行。**

很多人可能會有所誤解，其實對大腦而言，所謂的「愉快」絕對不只是「輕鬆」而已。

舉例來說，我們已經得知，大腦「對太簡單的課題沒有興趣」。

而且，大腦特別是「在克服難關時會得到更大的喜悅（愉快）」，因為進行挑戰這件事本身就會獲得快感。

所以，在製作一張Ａ４記憶學習單時，請大家一定要在想要記住的大範圍中精挑細選出幾個重點。因為，**如果記憶學習單上幾乎都是自己已經記住的事物，大腦很快就會厭倦了。**

此外，在製作記憶學習單時，要將自己的感受擺在第一。

「雖然我知道不必太過執著於外觀，不過我還是想要用漂亮的彩色筆將記憶學習單裝飾得色彩繽紛。」

「我想要貼上現在最喜歡的貼紙。」

當你產生這樣的念頭時，請務必要實際執行。**因為唯有當你自己感覺到「愉快」（喜悅、快樂、有趣、興奮等心情），才是記憶力最強的狀態。**

請大家一定要記住一個原則：「當杏仁核引發愉快的感受時，會帶給附近的海馬迴正向刺激。」

記憶單複習篇

複習的頻率以「隔天、一週後、兩週後、四週後」為一組循環

完成記憶學習單後，接下來要做的就是「複習」。反覆進行共計四次的「複習」，便能讓想要記住的事物確實晉升為長期記憶。

本書中提到的「複習」，指的是只看問題，讓自己回想起答案的流程，也就是所謂的小考。

換句話說，就是**「自己出題給自己，在不看解答的情況下作答」。**要順利回想起答案，當然必須花點時間；而且當下也會感覺到「現在正在高速轉動大腦」，整個人辛勞又疲憊。不過，正是這樣的過程才能讓記憶牢牢留駐，這稱之為**「小考效果」。**

所以請大家不要太拘泥於結果，勇於嘗試回想吧！

現在請大家一起思考看看，假如不進行小考這個步驟，究竟會怎麼樣呢？

你是否曾有過這樣的經驗呢？自己在考試前用螢光筆在課本上畫出重點，心想「我應該已經記住了」，就自信滿滿地赴考，實際考試時才驚訝地發現：「原來我根本不記得！」對大腦太有自信，認為「自己已經記住了」，其實是非常危險的一件事。

雖然有些人的記憶力非常持久，具有「過目不忘」的本事，但這樣的人真的很罕見。幾乎大部分的人都沒辦法只看一次就牢牢記住，就算以為自己「只看一次就能記住」，但通常都是記得快、忘得也快。因為**大腦的特性就是「會盡可能遺忘」**。

不過，負責掌控記憶的「海馬迴」，只要面對接收過好幾次的資訊，就會將其判斷為「重要」，主動記住該資訊。由此可知，如果我們想要長久維持記憶，就一定要複習。

而複習的訣竅就在於要在「快要忘記的時候」進行複習。若是在剛灌輸進大腦後就立刻複習，其實是沒有意義的。

反之，若是中間隔了太長時間，功效也有待商榷。要是該資訊已經「完全不在記憶中」，就必須再次進行記住（將資訊輸入大腦）的步驟。

那麼「快要忘記的時候」究竟會是什麼時候呢？答案是**製作完記憶學習單的隔天、再過一週後、再過兩週後，以及再過四週後**的這些時間點。

不過這只是大概的時間而已。請大家依照自己的計畫，從關鍵時刻反過來推算自己「快要忘記的時候」究竟是何時。

在複習時，當然會有某些問題「可以立刻回答（已經記住了）」，而有些問題卻「完全答不出來（還沒記住）」，呈現有些記得住、有些記不住的狀態。但這完全不要緊，因為這樣可以看出「答對與答錯」的方向，也是很有意義的一件事。

請大家不要以為自己可以光靠一兩次的複習，就能「答對所有問題」。因為碰壁、受挫的經驗本身，也能確實增加記憶。

所謂的記憶就像是塗油漆一樣

偶爾會遇到有些人跟我說：「在『快要忘記的時候』反覆複習實在是太麻煩了。我想要打從一開始就徹底讀熟教科書，按照頁數順序全部記在大腦裡。」

可是，從大腦的特性來看，我不建議大家使用這個方式記憶。因為**這麼做會讓大腦感到非常不安，反而無法發揮原有的能力。**

大腦會對於「無法預測未來的狀態」、「看不到盡頭的狀態」感到很不愉快。

當不確定性增加，大腦就會感到不安，表現也會隨之低落。

從這個層面來看，大腦其實是非常敏感的。要讓大腦愉悅地高效運轉，最重要的就是要讓大腦看見「整體的樣貌」，所以我會建議大家這樣做：

×「以緩慢的步調，一次性專注背下所有範圍的內容，完美應付考試。」

○「保持較快的速度，反覆複習三～四次所有範圍（亂一點也沒關係），完美應付考試。」

我常用「塗油漆」來比喻後者這種從頭到尾重複三～四次反覆複習的記憶方式。比起緩慢專注地一次塗滿大量油漆，不如迅速地重複塗抹好幾次薄透的油漆，才能呈現出完美不斑駁的牆面；在記憶時也是一樣的道理。

與其強調「一次就確實記住」，不如**「分好幾次記憶（反覆好幾次記住、回想起來的過程）」，才能更長久地牢牢記住。**

而且，大腦本來就具有非常優秀的能力。當大腦確認過整體樣貌後，便會自動加強「不足的部分」、「不懂的部分」。所以，就算一開始只記住了兩成，在複習時大腦也會自動補強不夠的資訊（增強記憶力），牢牢記住資訊。

總而言之，小考的次數越多、記憶就能越加持久。

由於A4記憶學習單頂多只有一張紙而已，要回答的量絕對不會太多，心理預期的難度不會太高，所以能讓人輕鬆地反覆複習好幾次。而且**學習單上會有摺痕，在作答時可以輕易遮住答案，再攤開來對答案，步驟非常流暢。**

這就是A4一枚超記憶法的魅力之處。

加強記憶的變化球

接下來，我還要傳授給大家加深記憶的各種方法。

第一種是運用**「單純曝光效應」**的方法。

舉例來說，請大家隨身攜帶一張A4記憶學習單，在閒暇之餘拿出來閱讀。**就算是兩秒也好，光是看看記憶學習單，大腦便能獲得刺激。**

這麼做可以促進記憶的動機，減輕原本感到畏懼排斥的心態，讓自己記得更牢。

像是貼在平時目光所及之處，也是一個很有效的方法。不妨**將記憶學習單貼在客廳、廁所牆壁等日常生活中經常會經過的地方。**

不過，要是養成在牆壁上貼東西的習慣，結果牆壁上到處貼滿了其他各式各樣的東西，記憶學習單就會變得缺乏「新奇感」，到最後可能會無法帶給大腦新的刺激。

此外，如果只是單純把記憶學習單貼上牆壁，大腦只會覺得「牆壁的樣子好像變得不同了」，為了加強印象，也可以試著花點工夫將記憶學習單**「貼得稍微斜斜的」，或是「用彩色筆裝飾得漂漂亮亮」**等。

這麼一來，大腦就會覺得奇怪「為什麼貼得斜斜的呢？」或覺得「色彩繽紛的學習單看了就有好心情」，在不知不覺中湧現出各種情感，便能幫助加深記憶。

無論是出門在外或待在家裡，都建議大家可以盡量增加看到記憶學習單的機會。這麼做就能啟動「單純曝光效應」，不僅可以加深記憶，還能消除自己對學習的排斥感，對於要學習的內容也會產生出一股親切感。

上述的「單純曝光效應」

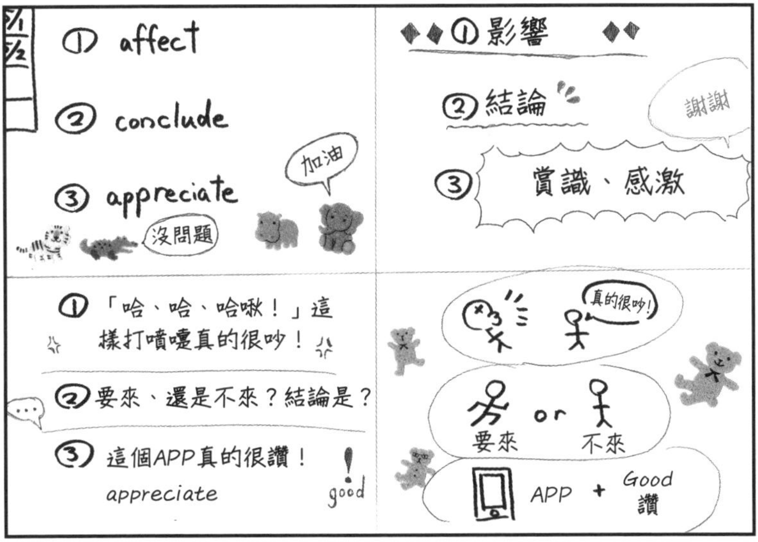

在記憶學習單貼上貼紙等裝飾，也能加強記憶

也受到美國史丹佛大學的羅伯特・扎榮茨（Robert Boles aw Zajonc）名譽教授實際驗證，因此也稱為**「Zajonc效應」**；也就是「讓人重複觀看某個事物，就能在不關乎事物特質的前提下提升好感度，並加強印象」。**「非得把不擅長（討厭）的事物記住不可」，在這種狀況下，千萬不要對這項事物退避三舍，反而要主動接近才對。**建議大家只要增加接觸（看見）該事物的次數，就可以達到效果了。

牢牢加深記憶的第二種方法，就是充分運用感官。

有八成資訊都是由視覺進入大腦，換句話說，從視覺獲得的資訊量極為龐大，對大腦的負荷當然也會比較大。為了減輕大腦的負荷，我們要刻意減少從視覺吸收資訊。

所以，在記住龐大的資訊時，如果可以利用視覺以外的感官就再好也不過了。

最具代表性的例子就是「在空中寫字」。**尤其是在記住英文拼音、地圖符號**

時最能派上用場，只要在空中寫出文字或圖形形狀，就能有效記住。

藉由親自動手書寫、描繪，就能讓文字的印象映入腦海。

另一方面，在寫筆記時由於「書寫」的行為已經成為例行公事，所以不會使大腦印象深刻。由此可知，在空中書寫文字也能幫助活化大腦。

記憶學習單不僅**便於隨身攜帶，也能輕易黏貼於牆壁，更適合在空中進行書寫**，各種利於記憶的方式都能派上用場，真是太優秀了！

在最後步驟吃下記憶單，記憶力就能翻倍？

當你實際運用了上述的幾種加深記憶的方法，並同步增加複習的次數，你答對的機率絕對會節節高升。此時，就可以在你已經可以答對的記憶學習單做上記號，告訴自己：「直到考試前都不必再複習了。」

等到你可以回答出所有問題的答案後，就可以正式向這些記憶學習單說再見了。我現在要告訴大家可以讓記憶更深刻的妙招。雖然這個方法有點奇怪又激烈，不過的確可以為大腦帶來強烈的印象。

那就是「把記住的記憶學習單吃下肚」這招。

開玩笑的，我的意思是請大家下定決心，把記憶學習單撕得粉碎吧！

如果真的把記憶學習單吃下肚，在沒有事先複印的前提下，就不可能再看第二次了。所以，**只要在複習時抱著「記住後就要撕個粉碎」的決心，便能為大腦帶來適度的緊張感與刺激。**

這就是所謂的「背水一戰」，為了讓自己下定決心，預先阻斷自己的退路。

真的撕碎記憶學習單後，可能還是會出現後悔的時刻，心想：「怎麼想不起來那個諧音是什麼？」可是，這時手邊已經沒有那張記憶學習單了……。

這個時刻，你絕對會為了想出諧音而發揮出前所未有的專注力。這種專注於回想的時刻，就能帶給大腦絕佳的鍛鍊。

萬一你無論如何都想不起來，已經「徹底忘記那個諧音」又該怎麼辦呢？別擔心，這樣的失敗反而能成為很好的情節記憶。在忘掉的當下重新進行ＩＰ化的步驟、再次記住，結果更能在關鍵時刻獲得甜美的果實。

請大家一定要試試「抱著吃掉記憶學習單的決心，把記憶學習單撕個粉碎」的這招！

●手部經穴（穴位）

手少陰心經的九個經穴（穴位）

①極泉 ②青靈 ③少海
④靈道 ⑤通里 ⑥陰郄
⑦神門 ⑧少府 ⑨少衝

自編故事：

從心臟畫出曲線的精靈從眼前飛了過去。
（極泉）（青靈）

他對我自我介紹了，所以我也向他行禮說：
（少海）（靈道）

「您好」，結果背後抽筋、下陰部也超痛，
（靈道）（通里）（陰郄）

於是我前往神經內科看診，醫師要我在菖蒲
（神門）（少府）

水裡加入少許醬油與薑服用。
（少衝）

※以日文發音相同的字聯想出一段口訣。

●會使化學試劑變色的物質

會使化學試劑變色的物質

化學試劑、酸鹼指示劑	顏色	有反應的物質
石蕊試紙	（ ）→（ ）	（ ）
	（ ）→（ ）	（ ）
酚酞溶液	（ ）→（ ）	（ ）
BTB指示劑	（ ）	（ ）
	（ ）	（ ）
	（ ）	（ ）
紫甘藍指示劑	（ ）	（ ）
	（ ）	（ ）
	（ ）	（ ）
無水氯化亞鈷試紙	（ ）→（ ）	（ ）
醋酸洋紅指示劑	（ ）	（ ）
碘化鉀水溶液	（ ）	（ ）
石灰水	（ ）	（ ）

會使化學試劑變色的物質

化學試劑、酸鹼指示劑	顏色	有反應的物質
石蕊試紙	紅色→藍色	鹼性
	藍色→紅色	酸性
酚酞溶液	透明→紅色	鹼性
BTB指示劑	黃色	酸性
	綠色	中性
	藍色	鹼性
紫甘藍指示劑	紅色	酸性
	紫色	中性
	黃色	鹼性
無水氯化亞鈷試紙	藍色→紅色	水
醋酸洋紅指示劑	紅色	細胞核、染色體
碘化鉀水溶液	藍紫色	澱粉
石灰水	混濁的白色	二氧化碳

石蕊試紙 紅色 藍色 鹼性
湯瑪士小火車有紅色與藍色

酚酞 透明 紅 鹼性
沒有？不行。還是得要有才行。

BTB 黃色 酸性 綠色 中性 藍色 鹼性
BTS是黃種人、大家都有背

紫甘藍 紅色 酸性 紫色 中性 黃色 鹼性
甘藍菜要在早上狂吃才是辣妹

無水氯化亞鈷 藍色 紅色 水
哭哭？成績就放水流吧！

醋酸洋紅 紅色 細胞核、染色體
櫻桃有紅色的果核

碘化鉀 藍紫色 澱粉
哦！藍紫色的蟲跑出來了！

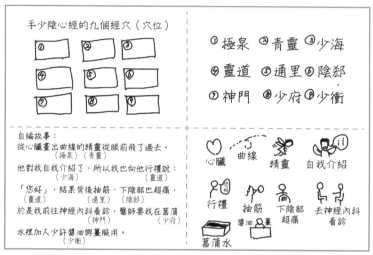

石灰水 混濁的白色 二氧化碳
著急地煮白砂糖

※顏色與短句標色字的日文發音雷同。

第4章

池田式 絕對不會忘記的IP化十大技巧

從三種型態、十種方法中選出最適合的技巧吧！

接下來，終於要正式介紹ＩＰ化的具體技巧了！

適合用在Ａ４一枚超記憶法的ＩＰ化技巧共有十種。只要選用適合該事物的技巧，就能輕鬆製作出Ａ４記憶學習單。

事實上，萬一選到錯誤的技巧，不僅製作起來會很花時間，而且也很可能沒辦法順利記住。所以請大家打從一開始就要慎重地選擇適合的技巧。

請大家參考後面的圖表，利用**「ＹＥＳ」「ＮＯ」的二分法**，就能從中選出最適合的ＩＰ化技巧。只要機械式地回答，每個人都能用最快的速度找出最適合的技巧，請大家務必要試試看。

不僅如此，後續介紹的十大技巧也充滿了豐富的圖片。無論你有沒有「想要立刻製作記憶學習單」，都保證可以從中獲得絕妙的靈感。

請大家繼續閱讀下去吧！

池田式記憶法 IP化的十大技巧

（IP＝Image Processing／圖像加工）

找出最適合的方法！	
聯想型	
①	塗鴉法
②	短句法
③	類似法
④	吐槽法
⑤	分解法
諧音型	
⑥	字首法
⑦	數字法（基礎＆應用）
⑧	分解法
規則型	
⑨	共通點法
⑩	分類法

多問自己幾個問題，就能自動篩選出最適合的方法

YES

請參考「諧音型」
若想記住的是數字，請參考數字法
若想記住的事物量很大，請參考字首法
若可以分解，請參考分解法

YES

請參考規則型共通點法

YES

請參考規則型分類法

YES

請參考聯想型類似法

YES

請參考「聯想型」
若有想吐槽的地方，請參考吐槽法
若有浮現出任何形象圖像，請參考短句法
若分解後腦海有浮現出任何事物，請參考分解法

寫下來就好！請參考聯想型塗鴉法

IP化技巧的搜尋方式

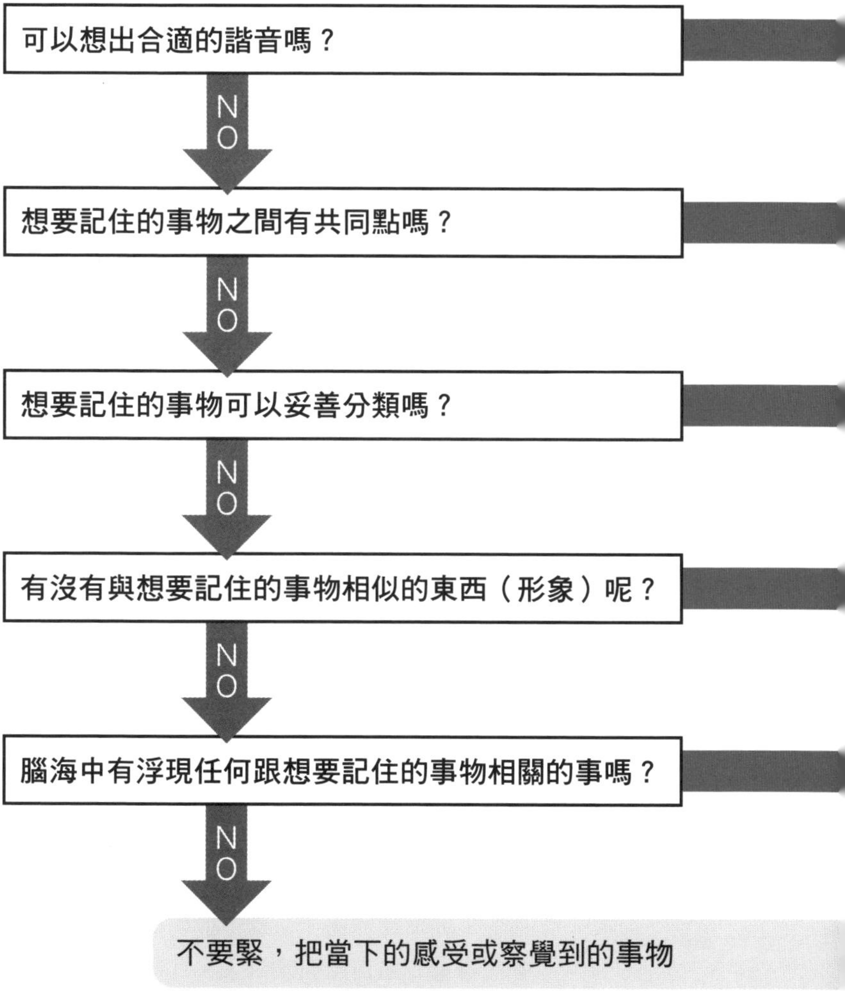
可以想出合適的諧音嗎？
NO
想要記住的事物之間有共同點嗎？
NO
想要記住的事物可以妥善分類嗎？
NO
有沒有與想要記住的事物相似的東西（形象）呢？
NO
腦海中有浮現任何跟想要記住的事物相關的事嗎？
NO
不要緊，把當下的感受或察覺到的事物

聯想型①塗鴉法

想記住的是…………江戶時代的文化人

① 井原西鶴——浮世草子、人形淨琉璃作家
② 高野長英——西方學者（蘭學者）
③ 歌川廣重——浮世繪畫家
④ 本居宣長——國學者、文獻學者、語言學者、醫師

STEP 1 寫出文字

◆井原西鶴：長得很像老爺爺。
◆高野長英：跟體育課的山田老師一模一樣。
◆歌川廣重：好像很適合戴眼鏡。
◆本居宣長：有點像數學課的川島老師。

重點
①首先，如果能找出「外貌」的特徵最好；
②聯想身邊或跟自己有關的人，比較不容易忘記；
③不要想太多，第一印象與直覺最重要。

STEP 2 畫出圖像

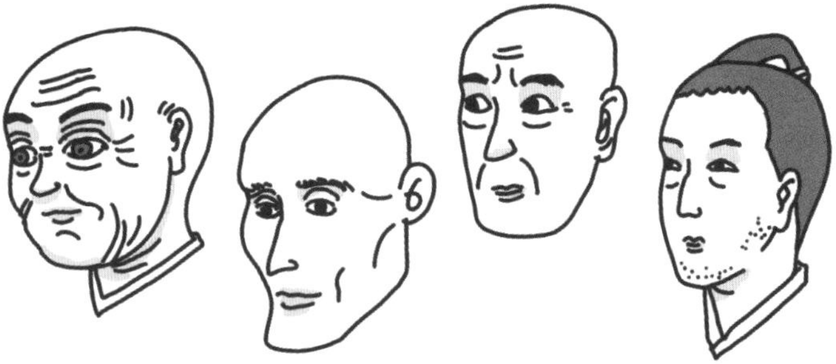

重點 ①找出一個最大的特徵；
②不需要畫得很仔細，用線條大致畫出來即可；
③不必在意畫得好不好，最重要的是先畫出來再說。

江戶時期的文化人	
①浮世草子、人形淨琉璃作家 ②西方學者（蘭學者） ③浮世繪畫家 ④國學者、文獻學者、語言學者、醫師	①井原西鶴 ②高野長英 ③歌川廣重 ④本居宣長
井原西鶴－長得很像老爺爺，皺紋很多、眼睛很大。 高野長英－跟體育課的山田老師一模一樣。「蘭學」的蘭不是蘭花，而是荷蘭的意思。 歌川廣重－好像很適合戴眼鏡。作品《東海道五十三次》似乎掀起了旅行熱潮。 本居宣長－有點像數學課的川島老師。	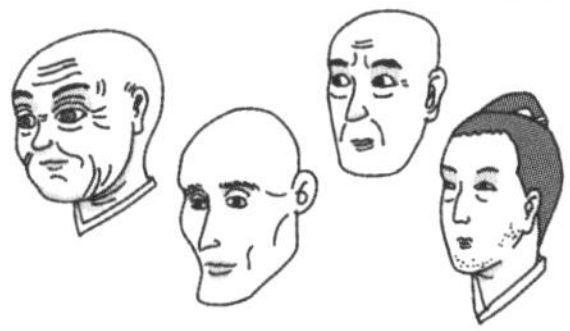

總結

最重要的是要隨心所欲寫出（畫出）自己看到、感覺到的事物，尊重自己的情感與覺察。

聯想型②短句法

想記住的是……聖雄甘地

P r o f i l e

印度獨立之父，致力於提倡緩解貧窮、拓展女性權力、促進宗教與人種之間的融合，廢除種姓制度等，並實行非暴力、不服從的原則。結果印度於一九四七年成功脫離英國，終獲獨立。

STEP 1 寫出文字

重點

① 需要IP化的項目較多時，要精選出幾個重點；
② 盡量選擇能帶來強烈印象的事項；
③ 長話短說。

他主張即使被攻擊，也絕對不使用暴力。

STEP 2 畫出圖像

重點

① 就算不是畫出人臉，不那麼具體也沒關係；

② 用繪畫的方式表現出想要記住的概念，也能鍛鍊大腦；

③ 只有自己聯想出的圖像才是最強的記憶法！

- 印度獨立之父
- 提倡拓展女權、廢除種姓制度等
- 非暴力、不服從的原則

聖雄甘地

（1869～1948）

他主張即使被攻擊，也絕對不使用暴力。

消除與生俱來的不公平

→當時將人們區分成婆羅門、剎帝利、吠舍、首陀羅等階級身分

總結

不一定要拘泥於具體的事物，也可以用繪畫表現出思想等抽象的理念。在思考的過程中也會讓大腦變得更靈活。

聯想型③類似法

想記住的是 ………… 五一五事件

一九三二年五月十五日，起因為軍方欲奪得政權而引發的暴動。以海軍少壯派軍人為首，襲擊首相官邸、日本銀行與警視廳等地，暗殺首相犬養毅，企圖建立軍政府。
雖然計畫失敗，但軍方利用此事件成立了齋藤實內閣。政黨內閣於焉告終，政治演變為軍人干政的局面。

STEP 1 查詢是否有相關事件

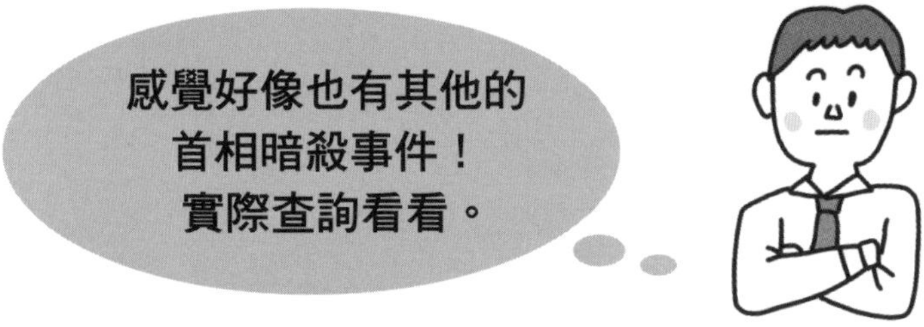
感覺好像也有其他的
首相暗殺事件！
實際查詢看看。

重點
① 查詢是否有「類似的事件」；
② 可以使用網路，請徹底查詢；
③ 千萬不能留下「感覺好像有」這種模糊不清的印象。

STEP 2 列出查詢結果

1921 年：原敬
1930 年：濱口雄幸
1936 年：高橋是清

重點

① 按照各種法則試著並列查詢結果；
② 並列後可以觀察出某些規則；
③ 查詢時要敏感察覺自己的情感波動。

什麼是五一五事件？

①一九三二年五月十五日，軍人為奪權而引起的暴動；
②以海軍少壯派軍人為首；
③襲擊首相官邸、日本銀行、警視廳等地，暗殺首相犬養毅。

相關的首相襲擊事件

1921年…原敬（原敬暗殺事件）
1930年…濱口雄幸
1936年…高橋是清（二二六事件）

總結

抱著興奮期待的心情查詢資料，能讓記憶記得更牢。知識也能接二連三地一連串增加！

聯想型④吐槽法

想記住的是 ………… 聖德太子的生平

◆以推古天皇的皇太子之位攝政
◆制定十七條憲法
◆制定冠位十二階
◆派遣遣隋使
◆興建法隆寺、振興佛教

STEP 1 想到什麼就直接吐槽看看

「可以一次聆聽
十個人說話」
絕對是騙人的吧！
既輔佐朝政，
又整頓憲法及人事制度，
外交也很拿手，
甚至還建造寺廟……
太強了吧！
肯定有很多幕僚
幫他！

STEP 2 把吐槽的內容畫成插圖

重點

① 比較難畫的意象，簡略地畫出來就好；

② 畫的時候要區分出仔細畫與隨意畫的部分；

③ 最重要的是要抱著雀躍享受的心情畫畫。

聖德太子的生平 •以推古天皇的皇太子之位（①） •制定（②）條憲法 •制定（③）十二階 •派遣（④） •興建（⑤）	①攝政 ②十七 ③冠位 ④遣隋使 ⑤法隆寺
•既輔佐朝政，又整頓憲法及人事制度，外交也很拿手，甚至還建造寺廟→究竟有多少人在幫他！ •「可以一次聆聽十個人說話」絕對是騙人的！	

總結

利用文字與插圖表現出內容，便能強化記憶。就算是不擅長背誦歷史的人，也可以抱著興奮期待的心情記住內容。

聯想型⑤分解法

想記住的是 ……【漢字】

製陶拉胚時的塑膏轉盤：轆轤

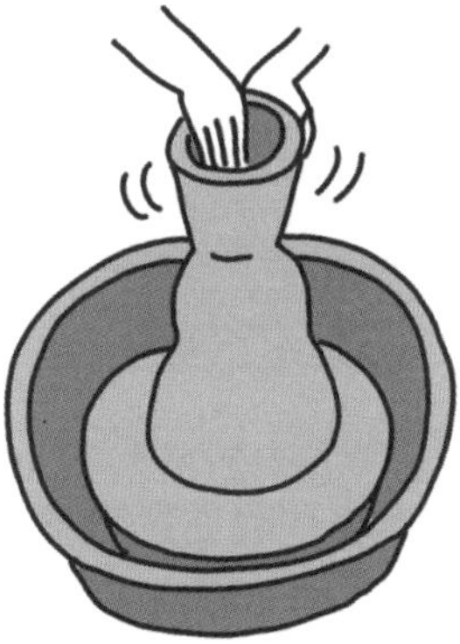

轆轤

STEP 1 進行分解

① 分別將「轆」、「轤」的部首與國字分解開來

車+鹿　車+盧

② 把每一個字賦予意義

車＝車輛　鹿＝小鹿　盧：虍＝虎、田＝田、皿＝皿

STEP 2　圖像化、故事化

◆第一台車撞上了鹿。

◆第二台車撞上了老虎。

◆鹿跟老虎的屍體都被撞飛進田裡，獵人做成料理盛裝在器皿中。

ㄌㄨˋ　ㄌㄨˊ	轆轤
• 一台車撞上鹿。 • 一台車撞上老虎。 • 鹿跟老虎的屍體都被撞飛進田裡，獵人做成料理盛裝在器皿中。	

總結

「編造出這種故事的自己真是糟糕」——千萬不要抱有這種無謂的罪惡感，只要能產生夠深刻的印象就好！

諧音型⑥字首法

想記住的是 ………… 三大營養素與消化酵素

① 消化醣類的酵素是？

② 消化蛋白質的酵素是？

③ 消化脂質的酵素是？

營養素	消化酵素	分解後的物質
醣類	澱粉酶（唾液澱粉酶）：唾液 麥芽糖酶：腸液 澱粉酶（胰澱粉酶）：胰液	葡萄糖
蛋白質	胃蛋白酶：胃液 胰蛋白酶：胰液 腸蛋白酶：腸液	胺基酸
脂質	脂酶：胰液	脂肪酸、甘油

STEP 1 用字首思考諧音

醣類好甜！
澱粉酶（唾液）
麥芽糖酶（腸液）
澱粉酶（胰液）

所以才要多給
寵物蛋白質啊！
胃蛋白酶
胰蛋白酶
腸蛋白酶

脂肪太多
就會變大！
脂酶

※每組的營養素其字首的日文發音類似「好甜」、「寵物」、「變大」。

STEP 2 將諧音梗畫成插圖

三大營養素與消化酵素 ①消化醣類的酵素…三種 ②消化蛋白質的酵素…三種 ③消化脂質的酵素…一種	①澱粉酶（唾液）、麥芽糖酶（腸液）、澱粉酶（胰液） ②胃蛋白酶、胰蛋白酶、腸蛋白酶 ③脂酶
澱粉酶（唾液）、麥芽糖酶（腸液）、澱粉酶（胰液）＝醣類好甜！ 胃蛋白酶、胰蛋白酶、腸蛋白酶＝所以才要多給寵物蛋白質啊！ 脂酶＝脂肪太多就會變大！	

總結

一次要記住許多新詞彙時，可將詞彙並列，取出字首，試著找出諧音。如果可以編成故事就再好也不過了！

諧音型⑦數字法（基礎&應用）

想記住的是……年號與信用卡號碼等數字

文字轉換表

1……伊、兮
2……呼、Two（取自英文）、二
3……桑、沙、三
4……四、用、唷
5……五、摳
6……六、無、路、羅
7……七、鳥、Se（取自英文字首）
8……八、哈、野
9……九、叫、樹
0……零、Ze、O（羅馬拼音的O）

基礎篇 平安京794年

鳥叫唷（794）樹鶯在叫平安京

每一位數都要寫進去

應用篇　信用卡號碼

想記住的是 ……….信用卡號碼

4592-0613-3798-4256

信用卡號碼	4592-0613-3798-4256
在工作（45）中， 花點心思（92）， 從 ATM 領取（06） 遺產（13），大家（37） 都能分配（98）到一筆錢， 真是幸福（42）的時光（56）。	

※漢字與括號中的數字其日文發音類似。

總結

可以分別將一～二位數的數字轉換成文字或言語，聯想成諧音。雖然會有點天外飛來一筆，不過卻能留下深刻的記憶！

諧音型⑧分解法

想記住的是…………【英文單字】
tremendous的意思是
「極好的」、「巨大的」

STEP 1 將tremendous寫成片假名
……「トリメンダス」

STEP 2 進行分解、賦予意義
……「鳥、眼睛、出來！」

STEP 3 形象化
……（腦海浮現出一隻鳥擺出誇張的目瞪口呆表情）

規則型⑨共通點法

想記住的是 ………… **語幹為「spect」的英文單字群**

inspect	查詢、檢查
expect	預期
aspect	方面、層面
prospect	前程、前景
suspect	可疑、懷疑
respect	尊敬
perspective	看法、觀點

⬇

【共通點】spect（看）

in	（看）裡面➡查詢、檢查＝inspect
ex	（看）外面➡預期＝expect
a	（看）方向➡方面、層面＝aspect
pro	（看）前面➡前程、前景＝prospect
su	（看）下面➡可疑、懷疑＝suspect
re	（看）再次➡尊敬＝respect
per	（看）通過➡看法、觀點＝perspective

1 **找出共通點，加強對單字的認知；**

2 **著眼於共通點以外的「差異」。為「差異」賦予意義或付諸形象以便記憶。**

規則型⑩分類法

想記住的是…………脊椎動物的分類

（例如：青蛙、烏龜、蜥蜴、山椒魚、壁虎）

STEP 1 掌握分類的規則

千萬不能隨意分類。
一定要留意
「分類的規則」！

1 留意「分類的規則」

- 一定要同時生活於水中及陸地的脊椎動物……兩棲類
- 基本上只能生活在陸地的脊椎動物……爬蟲類

2 依照分類的規則，區分出類別

- 青蛙……兩棲類
- 烏龜……爬蟲類
- 蜥蜴……爬蟲類
- 山椒魚……兩棲類
- 壁虎……爬蟲類

【如果規則不只有一種】
兩棲類的幼體是用鰓呼吸，
成體則是用肺、皮膚呼吸。
除了一部分的爬蟲類之外，
大部分爬蟲類一生都是用肺呼吸。

STEP 2 將分類畫成插畫

脊椎動物的分類 （青蛙、烏龜、蜥蜴、山椒魚、壁虎）	兩棲類……青蛙 山椒魚 爬蟲類……烏龜 蜥蜴 壁虎
●一定要同時生活於水中及陸地的脊椎動物→兩棲類 ●只能生活在陸地的脊椎動物→爬蟲類	

總結

找出分類的規則就是關鍵！「找出規則」本身就能讓自己有所察覺，進而更深入地學習。

在會議中記住別人的長相與姓名

2023年3月 日於 會議 3位與會者姓名

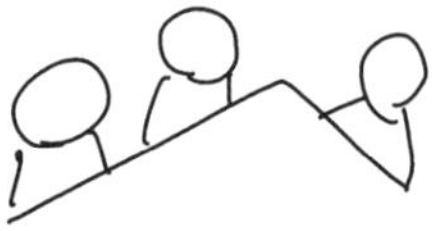

自由聯想

八木……飼養山羊（諧音八木）的人
山森……飯總是裝得跟山一樣高
水上……他的興趣是水上滑水

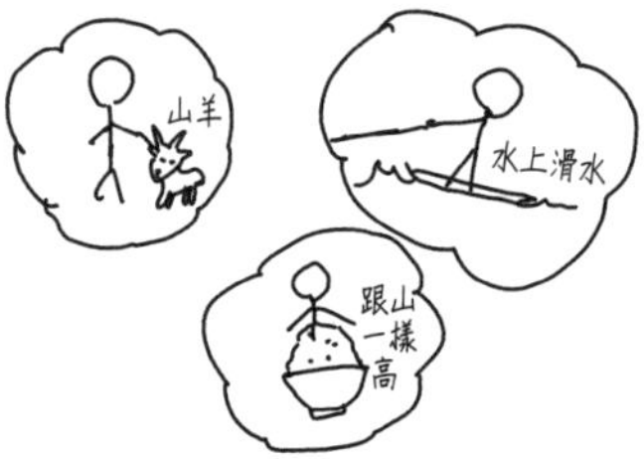

記住文章　法條

文章記憶
日本專利法第32條（不授予發明專利權的發明）

［　　］［　　］、［　　］
或［　　］的［　　］
［　　］，因此［　　］

［妨害］［公共秩序］、［善良風俗］
或［衛生］的［發明］
［不符合專利條件的規定］，因此［不授予發明專利權］

意象化
- 妨害→骷髏頭
- 公共秩序→規矩排隊的人們
- 善良風俗→打招呼
- 衛生→垃圾桶
- 發明→電燈
- 專利條件的規定→書
- 不授予發明專利權→NG印章

第5章

了解大腦的十一種「難纏本性」，反向操控大腦的特性！

大腦的特性❶ 大腦本來就很懶惰，總是處於節能模式

◎要盡可能省略多餘的項目

「大腦」是人類記憶與思考的中樞，大家對於大腦抱有什麼印象呢？

「勤奮、認真、努力……」

我彷彿可以聽到大家都回答出這些非常正面的答案，不過這樣實在是太高估大腦了。

大腦的本質與大家想像的正好相反。大家或許會感到很意外，不過，**無論是再優秀的人，大腦在本質上都是懶惰、不認真、難以抵擋誘惑的器官。**

大腦最喜歡按表操課、自動運作，總是在尋找可以偷懶休息的機會（笑）。

在記憶時也是一樣。「不要記住新事物」、「就算是已經記住的事物，也會盡量快點忘記」等，都是大腦預設好的前提。

大腦會這麼做的原因非常單純，因為大腦「非常討厭消耗能量」。

成人大腦的重量約為一點四公斤（相當於體重的百分之二），但一天卻需要消耗約百分之二十的總能量。

人體中再也沒有其他像大腦一樣需要耗費如此多能量的器官了。

所以，大腦才會想盡辦法節能運作。

從生物學的角度來看，這也可以說是非常了不起的自我防衛機制。

「明明考試迫在眉睫，卻一點也不想念書。」

人們之所以會有這種現象，跟自己的意志力強弱毫無關聯，反之，以大腦的特性來看簡直是理所當然。

因為**大腦天生的工作正是拒絕指令、盡可能偷懶。**

「我本來就很不擅長背誦。」

「因為我意志力很低落，無論做什麼都不可能會成功。」

請大家不要像這樣妄自菲薄，把自己囚禁於負面情緒當中。只要了解大腦的本質、掌握與大腦的相處方式，就可以妥善操控大腦。

操控大腦的第一步就是實際「徹底貫徹單一任務」的原則。

大家不妨試想看看，當你必須把工作交給一個成天無精打采、懶惰散漫、一心只想著「要怎麼打混才好」的人時，應該不會把好幾項任務同時交給這麼靠不住的人吧！

事實上，大腦也不適合進行多工處理。

因為多工處理會比平常更容易累，而且還會消耗更多能量，進而引起全身疲勞。在進行多工處理時，大腦會過度感受壓力，甚至還會分泌出腎上腺素與皮質醇等壓力荷爾蒙。

具體而言，最重要的就是要**採取良好的姿勢來記憶、背誦。**

像是用手支撐著臉頰、頸部長時間歪斜的姿勢，或是躺著複習，大腦就必須再多做一項「修正視覺角度」的工作，對大腦造成多餘的負擔。

大腦的資源（能量或能力）本來就為數不多，如果還要耗費在這種修正性的工作上，實在是太可惜了。

此外，**在安靜的環境中專注記憶**也是很重要的一環。

我不建議大家一邊聽音樂一邊記憶，就算只是沒有歌詞，只有旋律的音樂，也會削弱專注力，因此也不是一個好選擇。請盡可能讓大腦專注於單一任務就好。

近年來，許多學者都針對理想的學習環境做了各式各樣的研究。現在最新的研究結果顯示，**記憶這項工作還是「最適合在無聲的安靜環境中進行」。**

我完全同意這個研究結果。

不只是我而已，其他在世界腦力錦標賽登場的選手，幾乎所有人都戴著耳塞、耳罩（為隔絕噪音的耳機狀隔音器具）或具有抗噪功能的耳機。別說是背景音樂了，甚至就連一點點雜音都希望盡可能排除。

才行。

為什麼呢？因為在記憶競賽中，必須讓自己極為專注，投入在大腦中的世界

參與競賽時，選手們必須在自己大腦中的「記憶儲藏庫」中收納記憶、回想記憶，在許多影像中來回搜尋。

或許我舉的這個例子比較極端，不過，就算只是自己在記憶背誦時，也最好要像這樣一頭栽進自己的世界裡，追求極致專注才好。

更進一步來說，我也很建議大家可以**將「戴上耳塞」這個行為當成是「進入記憶模式前的『儀式』」。**

只要為大腦設定好「戴上耳塞＝專注」的前提，就彷彿為懶惰的大腦裝上了引擎一樣。

不過，**「戴上耳塞」的儀式只適合用在輸入知識型的學習上。**

反之，在解開問題、書寫文章、思考靈感等輸出型的工作上，待在有點吵雜的環境會比較適合。

請大家務必要善用**「在記憶時戴上耳塞」**的原則，讓大腦在舒適的狀態下順暢發揮原本的能力吧！

大腦的特性2 儘管懶惰，卻很想獲得成就感

◎將遠大的目標、龐大的工作一一分成細項

大腦同時也具備一個很任性的特質，那就是「儘管懶惰卻很想獲得成就感」。所以，請大家將遠大的目標一一分成細項，讓大腦反覆體驗「達成小成果」的感覺。

這樣的思考方式稱為**「小步驟」**（small step）。

「小步驟」是由美國心理學家史金納（Burrhus Frederic Skinner）所提倡的思考方式。

當目標過於遠大時，大腦會覺得很不愉快，產生「都已經不知道過了多久

卻依然看不到終點！」的感覺，於是會在很早的階段就備感挫折。也就是說，從「迫不及待」的心情，轉變為「等得沒完沒了只好放棄」。

大家應該都不希望面臨這種情況吧！

所以，我們才需要將工作目標區分成細項，降低心理上的難度，**讓大腦多多感受「小小的成就感」（成功體驗），而非「巨大的成就感」。**

而且，這麼一來也不會削減動力。

舉例來說，假設現在你為了應付證照檢定，必須記住多達三百頁的講義。千萬不要沒頭沒腦地想要「從今天起記住這三百頁吧！」，其實只要「一天確實記住二十頁，分成十五天記住」，一一分成細項，心情上就會變得比較輕鬆。不僅如此，當自己完成「一天記住二十頁」的任務時，便能體驗到「自己今天也努力做到了」的成就感。

為了讓懶散又迷糊的大腦**更強烈地體會到成就感，最重要的就是要把成果具象化**。建議大家不妨製作一份「目標達成表格」，每達成一項小任務時就塗掉一

目標達成表

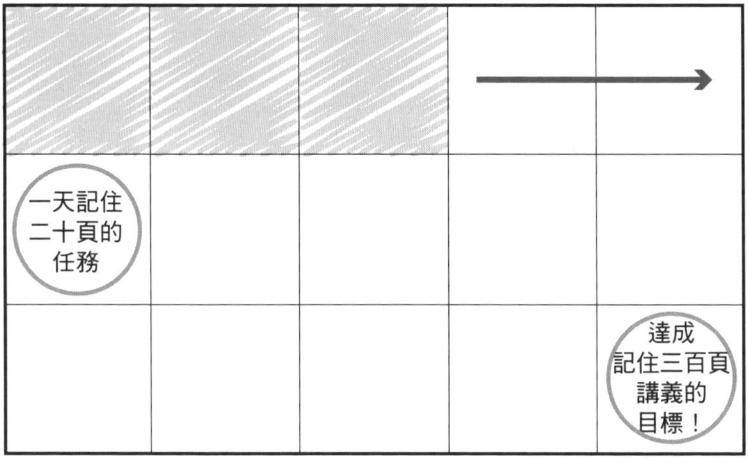
一天記住二十頁的任務
達成記住三百頁講義的目標！

格，每天重複同樣的步驟會更有效！

在反覆執行小步驟的過程中，「完成任務就塗掉一格」的行為本身就能為大腦帶來愉快感。

以專門用語來說，這樣的狀態就是**「提升內在動機」**。

大家耳熟能詳經常使用的動機（Motivation），其實分為內在與外在兩種。關於這點，接下來我會詳細說明。

所謂的**外在動機**，就是因為外部收入而產生的動機。

說穿了其實就是「為了獲得獎勵而努力的意志」。

另一方面，所謂**內在動機**則會帶來更高的能量。當一個人不是為了獲得外部收入，而是因為行為本身而感到喜悅，就是由內在產生的動機。

實際上，有些情況下這兩種動機也可能會相互混雜。而且隨著時間經過，這兩種動機的比例也會發生變化。

無論如何，我都很建議大家可以在任務進行到一半時**加強內在動機**。因為現在已經有很多實驗結果指出，如果光是靠「獲得讚美」、「受到敬佩」等外在動機，在任務還沒完成時，幹勁就會慢慢消失。

舉例來說，有研究報告指出，如果「在小考中獲得高分就給零用錢」這種獎勵機制成為常態的話，對方在不知不覺中就會覺得自己好像沒辦法再繼續努力了（這樣的反應在心理學中稱為**過度酬賞效果**）。

究竟要怎麼做，才能從內在產生純粹的動機呢？

關鍵之一就是對於任務對象的「好奇心」。**只要抱有好奇心，自然會產生驚人的動機與優異的記憶力。**

我認為不僅是小孩，大人保有好奇心也是很重要的。

言歸正傳，雖然我說過好幾次了，還是要請大家把龐大的目標分成細項。千萬別讓自己迷迷糊糊地面對龐大的目標，而是要**先決定好自己一次要記憶的內容量**。這就是不帶給大腦過多壓力，讓大腦愉悅工作的訣竅。

大腦的特性③ 在正式開始工作前，大腦會想要先縱觀整體

◎先縱觀整體，再一一細分工作項目，讓大腦隨時意識到目標

讓大腦預先看見目標，也是很重要的一環。

現在來看一個簡單易懂的例子，據說以前興建萬里長城時有這麼一段背景。

有這麼一說，萬里長城是將全國各地召集來的建築工人分成好幾組，每一組人馬各自負責進行建造工程。

而且，每一組人馬都有明確劃分出各自負責的範圍。建築工人們將目標設定為完成自己的負責範圍，分頭盡力工作。

這樣的工作分配可說是非常了解大腦特性的絕佳系統。

因為大家都可以明確看見目標所在，**「只要盡力完成決定好的範圍就好」**，這麼一來每天都能維持高昂的動機，每天一點一滴把該做的工作逐一完成。

不過，如果一開始都沒有告訴大家各自的負責範圍與目標，光是命令大家埋頭工作的話呢？

「大家盡量做，做得越快越好。」如果當初是這樣命令建築工人的話，結果會怎麼樣呢？

「反正我再怎麼努力也不可能做得完，感覺一點都不充實，好空虛。」

「在我有生之年應該看不到長城完工吧！」

大家遲早會被這樣悲觀的想法牽著鼻子走。

（順帶一提，萬里長城的官方長度為二一一九六・一八公里；日本列島的長度則約為三千公里，萬里長城的長度竟然相當於日本的七倍。）

記憶時的道理完全相同。千萬不要盲目地把龐大的目標擺在眼前，而是要一一分成細項，建立小小的目標，大腦便能經常品嘗到「完成！」的喜悅。

這也就是先前介紹給大家的「小步驟」思考方式。

【舉例】

❶「想要考過三個月後的證照考試。」

❷「一個月後希望達到能解開考古題的程度。」

❸「接下來想要花一個月的時間理解、記住兩百頁的講義。」

❹「只要每天記住七頁，應該就可以在一個月內確實記住所有講義。」

像這樣**讓自己明確意識到目標，會非常有幫助**。只要從設定的期限反推回來，就能輕易將任務分成細項。

更進一步來說，**從頭到尾重複學習好幾次，讓自己確實掌握任務的整體樣貌**也很重要。

以從零開始學習日本史為例，幾乎所有的學校或補習班課程都會沿著時代順序，從繩文時代、飛鳥時代、奈良時代、平安時代……一直到近現代，花上好幾個月的時間詳細解說每個時代的歷史。

不過如果是初學者，該怎麼做才能更提升學習效果呢？

一旦決定要「學習日本史」，就可以**先看一遍學習型漫畫，就算只是粗略了解也沒關係，先讓自己縱觀全局**會對學習很有幫助。

如果可以的話，建議可以從頭到尾把整套漫畫反覆看個兩三次。（各大出版社都有推出學習型漫畫，整套幾乎都是二十本左右。）

看漫畫時的關鍵在於不要太拘泥於細節，順順地讀下去就好。

「平安時代好像幾乎都在戰亂。」

「江戶時代的改革好多哦！」

「從黑船事件到大正奉還、戊辰戰爭這段時間的歷史好複雜！」

讓自己放輕鬆一點，順順地看漫畫就好。

第一次翻開漫畫時，並不需要試著背誦「吉宗將軍推動享保改革、松平定信推動寬政改革、水野忠邦推動天保改革……」。

這是平時一向認真努力的人很容易落入的陷阱，請大家千萬要小心。

千萬不要過度拘泥於單一事項，重點在於必須掌握全局。

雖然這麼說大家可能會覺得違背常理，不過**唯有掌握全局後才能在腦中形成「大框架」，接下來再把細節填入大框架中會比較容易。**

如果打從一開始就一一記住瑣碎的細節，卻沒有確實掌握全局，腦中的知識就會如同到處零散的零件，這麼一來非但沒辦法將零件組裝起來，反而會陷入

「見樹不見林」的盲點中。

另一方面，在反覆翻閱學習型漫畫的過程中，應該會對某些內容產生疑問，主動發起想要了解細節的念頭。

「遣隋使跟遣唐使是哪一個先啊？」

「在小村壽太郎之前，努力改正不平等條約的人們是誰？」

「說到頭來，引發戰爭的導火線究竟是什麼？」

像這樣自己找出問題，再自己想辦法找出答案的體驗，更能加強記憶。

總而言之，**藉由為大腦灌輸大致的整體樣貌，便能凸顯出弱點，也會變得比較容易深入探究問題，為自己營造出下一階段的學習意願。**

所以，務必要讓大腦持續意識到整體的目標。

大腦的特性 4 喜歡徹底專注在「喜歡的事物上」

◎花點心思，把要做的事情變成自己喜歡的事物吧！

「容易沉迷於喜歡的事物中」，也是大腦的特性之一。

大家平時應該也會遇到那種令人驚嘆：「怎麼能夠記住這麼多關於○○的事」的人吧！其實這種人並不少見。

例如有些人對於火車車輛號碼知之甚詳，隨便看到一輛車就可以立刻說出這是「KUMOHA 313-1105」。

若是詢問對方為什麼這麼清楚，對方應該會回答：「因為KU是『駕駛拖車』、MO是『電聯車』、HA是『普通車』的意思，所以KUMOHA就是『駕駛拖車電聯普通車』的意思！」

像這樣**在了解法則的前提下，牢記至可以向別人說明的程度，就是已經真正內化成自己的知識了。**

此外，也有些人可以記住各種動物或昆蟲的名稱，或者是「寶可夢」裡數量龐大的虛構生物等。

這種事就算是小學低年級的小孩也可以辦得到。

再舉一個更淺顯易懂的例子好了，那就是偶像團體的粉絲。

他們可以在瞬間就分辨出穿著同樣服裝、妝髮氣質相近的團體成員們，立刻正確說出每一位成員的姓名。

對於粉絲而言，這根本就是「再理所當然不過的事」。

不過，從記憶專家的立場來看，這絕對是因為出自於「喜歡」才能發揮的不凡能力。

事實上，我曾在某個記憶競賽中，收到AKB48的未公開練習生成員（約五十人）的資料，要在現場記住她們的臉龐與姓名。

從資料上附的照片看來，每一位成員的長相都很神似，服裝也都一模一樣，妝髮氣質也很相近。也就是說，我必須立刻使出所有記憶法，找出她們五官中的特徵，區分每個人散發的氛圍，並一一銘記在心。

雖然我在那場競賽中最後還是有獲得佳績，不過不可否認的是，就連身為專家的我當下都被逼急了（笑）。那次的經驗讓我重新深切感受到**「『喜歡』的力量」有多麼強大。**

只要具備這種「喜歡」的感受、「想要更了解某事物」的好奇心，記憶力就會自動加強。

在學習時也是一樣。

若能在「喜歡」的感受與好奇心驅使下熱衷於學習，大腦就會分泌出多巴胺，對與學習有關的大腦區域帶來影響，自然而然能提升學習效果。

這麼一來，由於學習成效良好，為自己帶來信心，便能啟動「還想再學習更多」的良性循環。而**在學習方面有所進步，這件事本身就能成為一種獎勵，進步的速度也會變得更快。**

以專門用語來說，這樣的機制就是**「學習進步假說」**。

簡單來說，如果要**追根究柢了解讓學習（成長）進入良性循環的最大原因，「喜歡」就是最基本的關鍵。**

不過，在這裡我希望大家先停下來思考一件事。

一般來說，大多數人**「一輩子都不會奇蹟似地對學習抱有『喜歡』的感受」。**說得更明白一點，其實非常多人的過往學習體驗都告訴他們「學習＝痛苦的事」。

這樣的人會獨自一人鑽入「我就是不會念書」的牛角尖裡，這樣的狀態下，一輩子都無法在考試等難關中脫穎而出，也是再正常不過了。

這也是沒辦法的事。

如果這樣的人在年輕時曾有過喜歡學習的經驗，會變得怎麼樣呢？

如果這樣的人曾經遇過能讓他喜歡學習的老師、指導者、師傅，又會變得怎麼樣呢？

如果曾有過這樣的經驗，也許就能喜歡上「學習」這個行為，自動自發地享受學習也說不定呢！

大腦的特性 5 會想要立刻貼上標籤

◎避免說出負面言語

「即便如此，我都已經長大成人了，無論如何都已經太遲了，事到如今已經徹底沒救了。」

說到這裡，應該會有人這樣反駁我吧！不過我想要先告訴大家一件事。

就算過往「並沒有喜歡上學習的經驗」也沒關係，我有方法可以帶走大家對學習、讀書的排斥感，讓大家喜歡上學習這件事。

那就是暗示自己。

「這個題目好有趣喔！」

「學習〇〇好好玩喔！」

「我應該很喜歡這個吧！」

請大家先試著說出這種積極正面的話語，再開始學習。

就算你並不是真的打從心底覺得「有趣」、「好玩」、「喜歡」也無所謂。

因為，積極正面的言語會透過聽覺傳遞給大腦，帶來欺騙的效果。

（從聽覺接收到的資訊，能帶給大腦極強的印象。）

以專門用語來說，這就是「貼上情感的標籤」。

「貼標籤」本來就是一種任性又充滿偏見、擅自做出評論的行為。

而且無論標籤本身是否正確、真實都無所謂。

在大腦中，負責貼上情感標籤的區域是**A10神經群**。

這裡是大腦產生情感的中樞，囊括了與幹勁有關的「依核」，以及掌管喜怒哀樂的「杏仁核」。

當我們透過感官將資訊匯集到大腦後，會先抵達A10神經群，大腦會在這裡擅自為這些資訊貼上標籤。

像是「有趣」、「無聊」、「好玩」、「痛苦」、「喜歡」、「討厭」……等等。

大腦會為資訊貼上各種標籤，**一旦貼上標籤後，這些標籤就會為後續的大腦運作帶來極深的影響**。

舉例來說，當某個資訊被貼上負面標籤後，大腦運作就會變得散漫低落。另一方面，當大腦面對被貼上正面標籤的資訊時，便能靈活發揮智慧。所以在學習時，應該要盡量為資訊貼上正面的標籤才對。

儘管如此，在現實生活中學習時要貼上正面標籤，其實是一件很不簡單的事。所以在學習前，必須先盡量調整好自己的精神狀態，讓自己能妥善操控。即便是我，也不是那麼有自信可以妥善操控精神狀態呢（笑）！

所以，我想建議大家執行的方法是**「至少不要再繼續貼上負面標籤」**。

光是不要使用「無聊」、「痛苦」、「討厭」等負面言語，就能阻止這些話語對大腦造成不良影響，預防大腦的能力下滑。

研究出大腦低溫療法，聞名全世界的腦神經外科醫師林成之，曾公開過一件逸事，那就是他剛開始在急診中心服務時，他禁止所有工作人員說出負面、消極的話語，於是顯著提升了醫療團隊的表現。

具體來說，他們徹底貫徹了「絕對禁止使用任何負面言語」、「不說夥伴的壞話、不欺負別人」、「保持正面積極的心態」等規則。

這應該就是「以好的引導將大腦能力提升至極限」的絕佳範本吧！

雖然這是驗證於醫療團隊的實例，不過也一樣可以套用於個人身上，活用於學習層面。

請大家也務必要讓自己的大腦沉浸在正面言語之中。

要是覺得很難做到，則至少先從避免說出負面言語開始做起。

大腦的Ａ10神經群可是隨時隨地都在仔細傾聽你說出的話語喔！

大腦的特性 6

自以為是會使記憶力降低

◎屏除「因為是文組」、「因為是理組」的想法

大家閱讀到這裡，應該可以了解到一件事。

大腦不僅很喜歡貼標籤，而且還具有「很愛自以為是」的頑固一面。

假設你已經對自己很沒信心，而且還深信不疑，會怎麼樣呢？

請大家拋開這種自以為是的錯覺吧！

因為**這很可能只是單純的誤判情勢，或只不過是隨波逐流的刻板印象而已。**

舉例來說，很多人都會把「因為我是文組的，對機器就是沒轍……」這種話掛在嘴邊，就好像拿了免死金牌一樣理直氣壯。

如果一個人真的可以一輩子都完全不碰「機器」、「理工相關事項」，應該不會有什麼問題。

但如果這個人還很年輕，甚至在尚未決定學業與職業的目標與方向時，就因

為自以為是的錯覺，侷限了自己的視野，就會帶來極大的損失。

事實上，我也接觸過許多會把「因為我就是比較〇〇」掛在嘴邊的人們，其實「從客觀的角度來看根本是自己的錯覺，對自己有這樣的刻板印象真的很可惜」，這樣的例子不勝枚舉。

（如果你真的很想給自己貼標籤，建議可**朝正面積極的方向思考。**）

美國塔夫茲大學的阿亞娜．托馬斯（Ayana Thomas）博士等人曾做過一個實驗。在這個實驗中，分別請「一群十八～二十二歲的年輕人」及「一群六十～七十四歲的老年人」接受關於單字的記憶力測驗。

實驗內容是請兩組實驗人馬看過一份單字表後，再請他們看另一份單字表，接著再詢問他們：「哪些單字是出現在第一份單字表？」得出的結果非常驚人。

當施測者對受測者說明：「這只是心理測驗而已」時，兩組人馬的答對率都是大約百分之五十，表現幾乎相同；但如果在測驗前就先告訴他們：「這是記憶實驗，通常老年人的成績會比較差」，老年人的答對率就會下滑至大約百分之三十。

從這項實驗結果可以發現，如果在事前先灌輸大家「老年人記憶力較差」的刻板觀念，就會使老年人的記憶力下降。

換句話說，**刻板印象與先入為主的成見不僅會讓人失去意願，甚至會使記憶力也跟著下滑。**

這不是太可惜了嗎？

事實上，我自己也是過了傳說中「記憶力等認知功能會降低」的四十五歲之後，才踏進了腦力錦標賽的世界裡。

將記憶力下滑歸咎於年齡完全是大錯特錯。

請大家千萬不要受到旁人想法、刻板印象、媒體言論等左右。

相信自己大腦的潛力吧！

大腦的特性7 不容易記住話語與文章

◎把想要記住的事情轉換成圖片吧！

從第一印象這句話來看，大腦會從圖像（視覺）接收到比文字更強的刺激。

無論是好是壞，**圖像帶來的刺激都會讓情感產生強烈起伏。**

所以，能讓人輕鬆感受到刺激感的電視、漫畫、電影等娛樂，才會如此廣泛地受到喜愛。

只要研究人類的歷史，就能了解其原因。

我們現在已經得知，人類的祖先從非洲大陸遷徙到世界各地，超過六萬年以上的時間，人類的生活中並沒有文字。

非洲桑人的洞穴壁畫中，雖然可以看到類似描繪動物的線條，卻沒有發展出文字。

而法國著名的拉斯科洞窟壁畫中也沒有出現文字。

也就是說，我們的祖先非常喜歡圖像，而且即使沒有文字也不會有任何不便。身為後代子孫的現代人類，大腦當然也比較喜歡圖像。

現在來進行一個實驗吧！假設有人要你現在「想像出長頸鹿」，你的腦海中會浮現出什麼呢？請大家隨意聯想看看。

你的腦海中是不是浮現出了脖子很長的長頸鹿「圖像」呢？

或許有人腦海中浮現的是啤酒（日文中與麒麟啤酒諧音）也說不定（笑）。

不過，應該不太會有人的腦海中浮現出「長頸鹿」、「麒麟」等文字。

大腦的構造就是像這樣會優先記住、優先回想出圖畫或影像等「圖像」。

而「回憶」也是一樣。回憶是一種記憶，以圖像的方式保存在大腦裡，而非文字，每一次回想都是以圖像的形式浮現於腦海。

雖然這世上有非常多種記憶法，但其實每一種記憶的方法與邏輯，本質上都是透過記住「影像」，或是以「想像成圖像」的方式記憶。

只要利用大腦「喜歡圖像」的本質，將文字與數字等「符號」轉變為「圖像」，就是記憶的王道。

大量記憶的祕訣就是將文字資訊轉變為圖像

有個說法是，**將文字資訊轉變為圖像後，資訊量就能壓縮至五百分之一。**所謂的圖像化就像是真空棉被收納袋一樣，將收納袋壓縮成真空、減少容量後，便能更有效率地裝進收納空間中。

究竟要怎麼做才能順利將事物圖像化，幫助大腦記憶呢？

現在要請大家挑戰看看簡單的練習題。

一般來說，我們通常不太有機會將圖像作為主題，主動在腦海中製造出圖像。**一開始可能會覺得有**

點麻煩，不過請大家把這單純當作是「自己不習慣」就好。

因為人類天生就具備想像圖像的能力，不必擔心自己想像不出來。

在刻意進行圖像化的過程中，大家應該會漸漸意識到「利用圖像能更輕鬆地記住事物」。雖然這麼說有點極端，不過我認為「記憶力＝想像力」，想像的力量就是如此強大。

【練習題】

請你將下列兩個詞語結合在一起，在腦海中想像出圖像並寫出來。寫個大概就好，有點無厘頭也沒關係。
（最好能寫出內心的想法與吐槽）

- 望遠鏡　• 早餐

【參考解答】

- 範例①「因為太開心了，我拿剛買到手的望遠鏡觀察廚房裡的早餐。」
- 範例②「我哥把早餐盛裝於托盤，把整個托盤放在望遠鏡上，拚命保持平衡不讓早餐掉下來。他到底在幹嘛啊……」

所謂的圖像化，就算像這樣**有點荒謬、不合現實也無所謂。這種荒謬不合現實的圖像，反而能帶給大腦強烈的印象**。此外，圖像化最棒的一點就是沒有所謂的正確答案。不必在乎別人的批評，也不必投合別人的喜好，請大家隨心所欲自由聯想。而且多試幾次之後，就會漸漸變得越來越好玩。

圖像化的訣竅就在於要把自己或身邊親近的人當成主角。這麼一來，這件事就會變得「跟自己有關」，便能更牢牢記在大腦（與自己產生連結的效果）。

大腦的特性 8 沒有截止期限就無法好好努力

◎使用百元商店的計時器吧！

大腦還有一個特性，那就是**越接近截止期限，運作速度就會越快。**

只要限制了時間，專注力就會比平常更強。

雖然如此，但這個特性是隱性的，必須刻意帶給大腦緊張感，讓大腦感覺似乎被壓力追著跑才能有所發揮。

大腦唯有在感覺急迫時，才能領悟「我非得好好努力不可」！

具體而言，如果能善用計時器就會很有幫助。

即使是百元商店賣的廚房計時器也無妨，只要在設定計時器時想好待會學習需要花的時間，再按下開始鍵即可。

有意識地進行這些動作，便能讓大腦產生自覺：「我必須得在這段時間內完成工作才行」，將能力發揮至極限。

至於**時間要設定多久，我建議大家設定十五分鐘就好。**

因為，考量到人類能持續專注的時間，再套用至專注學習的情況下，十五分鐘是最適合的長度（一開始先設定十五分鐘，再視自己情況微調至十五到二十五分鐘的範圍）。

設定好專注的時間後，請務必要同時搭配休息時間。

休息時間大約五分鐘（可微調）。不過，休息時間也要記得設定計時器，才能避免「不知不覺就休息了太久」。

休息時的關鍵在於必須讓大腦盡量休息放鬆。最好不要再讓大腦吸收別的資訊，或進行別的工作。不妨去上個洗手間、喝水、閉目養神，度過休息時間。

將**「十五分鐘的專注時間＋五分鐘的休息時間」**為一組循環，便能激發出最強專注力。

例如，若能重複三次這組循環，學習時間共計一小時，**這段時間會比「專注六十分鐘」毫無休息的學習，能達到更優異的學習效果**。請大家在製作A4記憶學習單及複習時，一定要試試看這個方法。

大腦的特性 9 無法立刻展現出結果（學習效果）

◎不要在短期內一決勝負，盡可能建立長期計畫

在某種層面上來說，其實大腦「學習的速度很緩慢」。大腦必須依照自己的步調慢慢學習後，才能展現出成果。

就算大腦的「學習速度快」，總是很快就可以理解學習內容，也不一定可以馬上獲得好成績，但**只要持續學習，一定可以達到超乎預期的亮眼表現。**

換句話說，大腦是一種只要持續努力，就能反映在成果的類型。

所以，如果想要在學習或運動方面獲得佳績，或學會演奏樂器，最重要的就是要建立起長期的計畫，並每天持續付出努力。

如果大家打從一開始就知道**「大腦的學習速度很緩慢」**，會怎麼樣呢？

這麼一來，就算在達成目標的途中感覺「不太順遂」，也不會輕言放棄、過度悲觀，應該就可以冷靜地持續學習吧！

而且，我特別想告訴大家關於「學習高原期」這個現象。

儘管每個人的學習曲線（表現出學習時間與成果的曲線）會有些許差異，但一般而言都是慢慢有所成長。不過，到了某個時期成長的幅度會暫時停滯，呈現出橫向發展的「高原狀」。

這段學習曲線呈現「高原狀」的期間，就是「學習高原期」。

但是請大家放心。只要過了學習高原期，你的眼前就會彷彿看見了全新的風景，親身感受到自己的成長。

「直到昨天為止還記不住的東西，現在突然可以記得住了。」

「我突然可以做到〇〇了（可以理解〇〇了）。」

「腦中忽然湧現出靈感（解決方法）。」

這時候，大腦會開始接連出現連自己都大感吃驚的現象。

請大家試著回想看看小時候學騎腳踏車時，從「有輔助輪」換成「沒有輔助輪」腳踏車的那個階段。

大家應該都是先在旁人的幫忙下，歷經好幾次摔倒，在某個時間點突然掌握到訣竅，後來就騎得越來越好了吧！

這種不可思議的感覺，正可以用「超越學習高原期」來形容。

正因為如此，學習高原期並非「停滯」，而是穩紮穩打正在進步的證明；也是即將更上一層樓的徵兆。

請大家不必焦急，穩穩越過這個時期吧！

「學習高原期」的情形可以用**「懷舊效果」**一詞說明。

所謂的懷舊（reminiscence）指的是**「記住（吸收資訊）後經過一段時間才能順利回想起記憶」**。

就連日本第一位諾貝爾獎得主——理論物理學家湯川秀樹博士，也是懷舊實踐者之一。

湯川博士在一九三五年預言了原子核內部有著介子的存在。

其後，正如他的預言在一九四七年確認了介子的存在，這讓他在兩年後獲得了諾貝爾獎。

湯川博士究竟是怎麼觸發懷舊效果的呢？

事實上，他的方法非常簡單，每個人都可以立即仿效，請大家一定要試試。

「在睡前思考問題，堅信靈感或解答一定會降臨，再從睡夢中醒來。」

僅只如此而已。

請盡量拋開心中的懷疑，在全盤信任大腦的狀態下入睡。

一般認為，這麼做之所以會觸發懷舊效果，是因為**「在睡眠的快速動眼期中，大腦會自動開始維護保養，並整理、區分資訊」**的緣故。

先把「考試（關鍵時刻）迫在眉睫」這種情況排除在外，在設定學習目標時，應盡可能以長遠的眼光建立長久的計畫會比較好。

大腦的特性⑩ 大腦既懶惰，又需要充分的睡眠

◎睡眠品質取決於一開始的九十分鐘

如前所述，觸發懷舊效果的原因是大腦會自動維護保養。

這裡我想深入說明這個驚人的機制。

其實，當我們在睡眠時，大腦會進行非常多的修復及保養工作。睡眠時不僅會長出新的腦細胞，還會讓細胞構造往好的方向改變，並分泌生長荷爾蒙。

同時，還會帶走累積在大腦中有害毒素及蛋白質β澱粉樣蛋白，這是引發阿茲海默症的原因之一。換句話說，大腦內部會在我們睡眠時進行大掃除。

可怕的是，即使**只有一個晚上睡眠不足，β澱粉樣蛋白也很可能會累積在大腦裡。**

在此，我想為大家介紹ＮＩＨ（美國國家衛生院）的研究結果。

實驗中有二十位受測者，比較受測者「一般睡眠後」與「徹夜沒睡後」的差異，結果發現僅僅只是一個晚上沒睡，**幾乎所有受測者的海馬迴、海馬旁迴及視丘等阿茲海默症的病變部位，都累積了β澱粉樣蛋白。**

換句話說，即使只有一個晚上睡眠不足，也會使大腦累積β澱粉樣蛋白。無論是為了觸發懷舊效果也好，或是遠離阿茲海默症，都請大家務必要更重視睡眠。

理想的睡眠時間為六小時以上。根據美國哈佛大學的研究指出，學習新知識與新技巧的當天，一定要睡足六小時以上才能真正學會。

不過，睡眠並不是「睡得越多越好」。

關鍵在於睡眠品質。請大家把目標放在**提升剛入睡九十分鐘的睡眠品質**。我們已經得知，只要剛入睡的這九十分鐘有良好的睡眠品質，接下來的睡眠品質也會有所提升。

具體而言，建議大家可以在入睡前九十分鐘泡澡。

因為，這麼做能**有效率地降低身體內部的「深層體溫」**。

為了獲得一夜好眠，深層體溫必須比醒著時略低一些。

這並不是一件容易的事。不過，藉由泡澡可以讓皮膚體溫上升，從身體表面散熱，便能降低深層體溫。

如果可以，**請大家盡量避免在睡前一小時使用電腦與手機**。這些電子產品的螢幕所散發出的藍光，會擾亂生理時鐘，妨礙入眠。

只要你負責營造出優良的睡眠品質，大腦就會在睡眠時努力打掃、進行維護保養的工作。

而且最重要的是，只要告訴自己「睡眠不足會讓失智症找上門……！」心裡就會自動依循損失規避法則（比起獲得的喜悅，我們會更想避免承受失去的痛苦），有意識地提高睡眠品質。

大腦的特性 11

大腦會隨著時間點而改變狀態

◎請大家記住最適合記憶的三個時間點

藉由了解大腦的特性，就能讓人毫不費力地提升記憶力。我特別希望大家了解，大腦在某些時段特別適合工作。只要配合大腦表現絕佳的時段，去做需要記憶的工作，便能顯著提升效率。

現在，我要告訴大家大腦最適合記憶的三個黃金時段。

大方向就是「**午餐或晚餐（宵夜）前的時段最適合記憶背誦**；用餐後的時間最不適合」。因為我們人類依然保有動物本能，「大腦在需要獲得食物（空腹）時運作得最靈光」。

■黃金時段①

起床後到午餐前這段時間，是大腦在一整天中第一個運作最流暢的時段。

只是，剛起床時大腦還沒恢復正常運作，與其想要在這段時間記住事物，不如試著複習看看之前已經記住的事項（回想）會比較適合。

■黃金時段②

下午四點到晚餐的這段時間，大腦會再度活化，適合進行需要記憶背誦的工作。

■黃金時段③

在就寢前記住想要記下的事情，海馬迴便能在睡眠時整理記憶，因此可以有效率地保留記憶。不僅如此，比起在白天進入大腦中的記憶，由於就寢前吸收的資訊比較新，整理的精準度也會比較高。

另一方面，如果想要放鬆一下，建議在用餐後的這段時間放鬆。因為吃飽喝足後，「必須設法獲取食物」的身體本能已經獲得滿足，大腦會轉換成休息模式，不適合進行記憶工作。

萬一因為工作等原因導致「大腦沒辦法在黃金時段記憶」，則建議在需要記憶的**前十五到三十分鐘稍微小睡一下，再開始記憶背誦**會比較好。

不過，要是睡得太久，反而會讓人感到更疲憊。所以請在小睡之前飲用咖啡等含有咖啡因的飲料。由於咖啡因會在攝取後的三十分鐘開始發揮提神作用，可以預防不小心睡得太久。

此外，儘管大腦可以在黃金時段進行記憶背誦，卻「剛好是自己筋疲力竭的時刻」，這種情況下同樣也可以先小睡一下再開始記憶背誦，讓大腦重振精神，便能提升效率。

第6章

利用五種大腦習慣，讓不認真的人也能提升記憶力

不要把「年齡增長後記憶力會衰退」的流言當真

前面的章節中我已經告訴過大家，在記憶背誦時建議採取「不認真的態度」。現在我就要說明箇中道理。

關於記憶與學習，這世上流傳著非常多煞有其事的資訊。但這些說法很多都似是而非，其中也包含不少沒有科學根據的謠言。甚至還有依個人見解就能被推翻的說法。

所以，請大家千萬不要「太認真看待」世上的流言，不管三七二十一就照單全收。別忘了要抱著柔軟有彈性的心態，站在不同的觀點檢視所謂的常識。這麼一來，就可以清楚看見事物的本質。

其中，最似是而非的代表就是**「隨著年齡增長，記憶力就會下滑」**的說法。誤以為自己「上了年紀記憶力就會衰退」，而喪失意願的人並不少見。不過，正如同我先前提到的塔夫茲大學的實驗，就可以觀察出不少「所謂老年人記憶力不佳的先入為主成見，會使記憶力下滑」的結果。

事實上，我本人也是在四十四歲時才開始接觸記憶法，經過十個月的訓練後在「日本腦力錦標賽」中獲得冠軍，榮獲日本第一的名號。我的對手們幾乎都是東大生，不然就是門薩國際的會員（只有智商為世界前百分之二的人能成為會員）等，大家都非常傑出。而且，當然也都比我年輕。

我可以在大賽中贏過年輕人，就鐵錚錚地推翻了「隨著年齡增長記憶力會下滑」的謠言。

我甚至認為：**「年齡漸長反而還會帶來更多好處」**。

從科學角度來看，學習所需要的「智力」分為「流動智力」與「固定智力」兩種。

「流動智力」會在年輕時到達顛峰，不過，只要透過經驗與學習，「固定智力」即使過了二十歲之後也還會持續上升。這是美國夏威夷大學的瑞蒙·卡特爾（Raymond Cattell）教授所提出的理論。

■ **流動智力……**獲得新資訊後，可以迅速處理、加工、操作的智力；相當於**計算能力、抽象思考能力、IQ（智商）**，也就是在考試技巧上反映出的智力。流動智力會在二十五歲左右到達顛峰，約在六十五歲左右出現下滑。

■ **固定智力……**從經驗與學習中獲得的智力，與語言能力極為相關；相當於**智慧、觀察力、理解力、表現力、批判力、應用力與創造力**等等。憑藉經驗與學習，固定智力即使過了二十歲之後也會上升，到了老年後也不會改變。

現在我要利用「計算」來說明這兩者之間的差異。

如果讓年輕學生與老年人進行加法與減法等單純的計算，比賽兩者「速度」的情況下，由於不需要深奧的知識與領悟，結果應該是年輕人會獲勝。

不過，如果讓雙方比賽會計的計算呢？

假設學生與老年人都從未有過會計經驗，將資料交給雙方時，只說「請計算出獲利」，結果會怎麼樣呢？這種情況下，老年人應該就可以利用以往的社會經驗，想辦法算出答案；但沒有社會經驗的學生，也沒有相關的會計知識，因此可以想像結果會是一片混亂。

換句話說，**需要反應能力的計算問題屬於流動智力的範疇，而需要經驗的會計計算則屬於固定智力的範疇**。這樣大家應該就能理解我剛剛所說的：「年齡漸長反而還會帶來更多好處」的道理了吧！

事實上，我獲得第六次「日本冠軍」時已經五十一歲了，當時的第二名是一位大四學生，也就是二十二歲的年輕人。五十一歲之所以能贏過二十二歲，肯定是因為雙方固定智力差距的緣故。

記憶的訣竅在於抽象化。所謂的抽象化，就是將新的知識與大腦裡既有的知識重新組合編輯，產生出新的思考方式。

「我已經在〇〇經歷過這種情況。」

「這個諧音可以利用〇〇與◎◎。」

也就是說，**抽象化的基礎就是將新資訊連結到自己已知的資訊上，所以，大腦裡累積的資訊與詞彙越多，記憶起來就會越有利**。既然如此，我希望無論是中年人或老年人都別再裹足不前，持續記憶與學習。

當然，「我一定做得到！」的自信，以及「我想記住！」、「我想進步！」的強烈動機，就是加強固定智力的基礎。

每當我這樣說完，總會有人告訴我：

「可是，要從現在開始吸收新知的動機很薄弱耶。」

只要遇到這樣的人，我就會告訴對方**「學習轉移」**這個現象。所謂的學習轉移就是**「只要徹底精熟了一件事物，學習的成果就能挪為他用」**；這也是大腦的特性之一。

舉例來說，大家都知道精通一項球類運動的人，也能很快成為別種球類的專家；學習語言也是一樣。學過英文的人，應該也會覺得「其他語言也學得很快」。

說明白點，**只要是具備一項專業技能的人，大腦中就具備了「從零開始學習新事物的構造」**。所以，無論到了幾歲都還是可以重新學習。

而且，大腦甚至可以**「學習新技能」**（Reskilling）。

學習新技能指的是**「為了應付科技的進步與工作模式的改變，一邊工作一邊學習新知識或新技術」**。日本政府於二〇二二年十月公布了在綜合經濟對策中增加了支持民眾學習新技能的制度方針，有意在五年內投入一兆日圓提供給在職者用於進修。可以想見透過這項政策，未來會有更多人有意願學習新技能。要是不好好利用就太可惜了。

我由衷希望大家都可以相信自己的大腦構造，投入學習自己喜歡、有興趣的新事物。

不要一味相信「葡萄糖是大腦的營養」

「醣分才是讓大腦運作的原動力。」

是不是有很多人都這樣堅信不疑呢？其實，這也是很容易讓認真的人信以為真並親身實踐的謠言之一。

從醣分中分解出來的葡萄糖，確實是大腦的營養來源，補充醣分後會暫時提升大腦的表現。不過，在記憶背誦等大腦活動最活躍時，我會建議大家最好盡量避免攝取醣分。

我並不是全盤否定醣分的功效，只不過，身體攝取醣分後血糖的上升方式仍有值得檢討之處。

醣分含量多的食品像是甜點類，攝取後血糖會急速上升，接著身體又會分泌出「胰島素」這種荷爾蒙抑制血糖上升，讓血糖急速下降。

血糖急遽的變化稱為**「血糖震盪」**，因為「如果將血糖值的變化製作成圖表，就像是尖銳的山形起伏一樣反覆震盪」。

一旦引起血糖震盪，身體就會產生各種不適。引起睡意、倦怠、焦躁感，結果就會導致**專注力下降**。不僅如此，還會產生對血管造成傷害的不良物質「活性氧」，以長遠的角度來看，還可能增加肥胖與罹患糖尿病的風險。

我們要怎麼做才能避免如此可怕的血糖震盪呢？

首先，必須基於「提升大腦工作能力」、「加速大腦運作」等原因，避免攝取過量醣分。而且醣分要盡量從正餐中攝取，而非甜點零食。

由於**在甜點零食中使用的砂糖是屬於「雙醣類」，會使胰島素大量分泌，比澱粉更容易被身體吸收，攝取後絕對會使血糖值急遽上升。**

一般來說，**每天從醣分中攝取的熱量最好佔總熱量的六成左右**。也就是說，如果是一天需要攝取兩千大卡的人，其中百分之六十，也就是一千兩百大卡需要從醣分中獲得。而且這一千兩百大卡不能是從含有大量砂糖的甜點零食中攝取，而是要從飯麵類主食中攝取最為理想。

米飯類的醣分屬於多醣類，需要花上許多時間才能在體內分解，因此，食用米飯後血糖值上升的幅度會比較和緩，飽足感也能維持得比較久。

此外，飲食順序也很重要。醣分若能與膳食纖維一起攝取，就能避免血糖急速上升。在用餐時請記住「蔬菜優先」的概念，建議在吃下主食前先攝取蔬菜類會比較好。

另一方面，我也要詳細說明關於ＧＩ值（Glycemic Index）的知識。**所謂的ＧＩ值，就是血糖上升的相對速度**。舉例來說，糙米的ＧＩ值比白米低，蕎麥麵的ＧＩ值比烏龍麵低，全麥麵包的ＧＩ值比白吐司低。建議大家用餐時盡量選擇ＧＩ值較低的食品。

不過，有時候也可能遇上「我很想專心，但肚子餓到受不了」的情況。此時就必須聰明地補充葡萄糖。

我建議大家可以選擇堅果，或可可含量百分之七十以上的巧克力。

■ **堅果……**杏仁、核桃、腰果等。選擇**不使用油、鹽調味的原味堅果最為理想。**

食物的GI值

高GI

白米　白吐司
烏龍麵
馬鈴薯
胡蘿蔔
南瓜
薯條
蛋糕
仙貝

低GI

糙米
全麥麵包
蕎麥麵
葉菜類蔬菜
菇類
白蘿蔔　堅果
牛奶　起司
蘋果

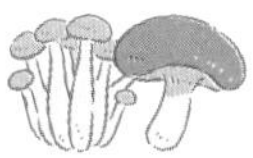

堅果的醣分含量低，富含優質油脂與膳食纖維，還有豐富的維生素及礦物質，更含有大量「不飽和脂肪酸」，能幫助活化大腦。

■**可可含量高的巧克力**……不僅砂糖含量較低，也能**一併攝取到抗氧化物——多酚。**

不過，千萬不能因為這些食材「值得信賴」就過量攝取喔（笑）！而且要注意的是，請勿一次大量攝取這些食材，而是要在「感覺有點餓」的瞬間少量攝取，調節血糖值。

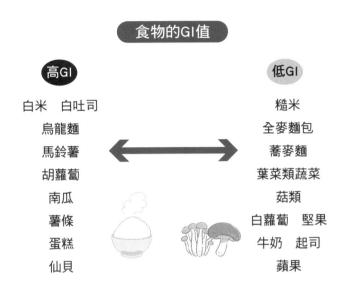

這麼一來，血糖就能緩慢上升，維持在適當的高度，接著再緩緩下降。這才是理想的血糖值變化。

只要像這樣稍微注意飲食習慣，就能在記憶背誦時維持絕佳專注力。

讀書時要選擇「無咖啡因飲料」

除了食物之外，飲料的選擇當然也很重要。特別要注意的是，**不可過量攝取茶類與咖啡等含有咖啡因的飲料。**

應該有很多人都會因為「待會就要念書了」、「想要專注讀書」等原因，而過度依賴咖啡因飲料吧！

你是否也「習慣一天要喝○次◎◎牌的美味咖啡」呢？

無論是國內外都有非常多關於咖啡因功效的研究，我也查詢了相當多的文獻。咖啡因確實具備提神作用，也被公認能提升專注力及注意力等大腦功能。不過，前提是「不可攝取過量」。

每天能攝取的咖啡因有其上限，要是過量攝取咖啡因，壞處反而會比好處還要多。咖啡因攝取過量會讓人備感不安，短期記憶力下滑，大腦疲勞等。所以，在準備要讀書（工作）前或當下，會比較建議大家攝取無咖啡因的飲料。

其中，我特別推薦的就是「水」。不是那種添加了糖與鹽的運動飲料，而是真正的純水。**對於有百分之八十都是由水分構成的大腦而言，水分平衡只要稍有變化，就會對智力表現產生極大的不良影響。**

事實上，我在參加腦力錦標賽時，飲料也一律只喝「水」（除我以外的其他選手，也幾乎都只喝水）。

也許有些人會有疑問：

「可是，如果要在關鍵時刻提升專注力，不是應該要喝含糖飲料的效果會比較好嗎？」

含糖飲料的確可以發揮暫時的效果，但就如同我前面所述，攝取糖分後引起血糖震盪的風險也會增加。

在世界腦力錦標賽的比賽中，甚至有項目包含解答時間就長達三小時。在這段期間中，要**天衣無縫地維持高度專注力，只有「水」最適合用來補充水分。**

不要太執著於背誦的流程

在記憶背誦時，認真的人會特別容易落入幾個陷阱。

首先，第一個陷阱就是試圖把要記憶的事物徹底ＩＰ化，而不小心花了太多時間。

像是「追求完美的諧音梗、漂亮的插畫，導致到了考試當天還沒辦法把所有的出題範圍都背下來」，我就有聽過這樣的例子。

無論是再怎麼好的學習法與記憶法，如果只是沉迷於戰術之中，絕對沒辦法達成目標。一定要正確掌握「該記住的範圍」，千萬別忘了做好讀書計畫。

說得極端一點，就算只能想出**奇怪的諧音、字寫得亂七八糟，就連Ａ４記憶學習單都揉成一團也沒關係**，只要能在考試的關鍵時刻獲得佳績就好。

因為我們的目的是「要獲得好結果」，「製作一張A4記憶學習單」只不過是「手段」而已。請大家千萬別混淆了目的與手段。

第二個陷阱則是，容易想要以很少的次數背下內容。

製作好記憶學習單的隔天「複習第一次」，接著在一週後「複習第二次」，請大家千萬不要想在這兩次就記住所有內容，不需要這麼心急。

以科學角度來看，**與其一次專心記住大量事物，還不如分成多次慢慢記住，比較不容易忘記**（分散效果）。所以，如果你希望很快就能記住大量事物，這種心態是很危險的。

我們的目的是在關鍵時刻贏得勝利，請不要太執著在以很少的次數記下所有事物喔！

在記憶背誦時要先訂下目標，告訴自己：「只要在關鍵時刻獲得佳績就好」，別讓自己錯失真正的目的。如果想要獲得更好的成果，就要以效率高又輕鬆（＝不認真）的方式記憶背誦，才能維持學習的動機。

不僅如此，**太認真的態度還會對大腦造成非常龐大的壓力與負荷。**

所以，有點不認真的態度才能順利帶來好的結果。

不要誤以為「好點子是從零開始創造出來的」

最後，我想告訴大家的是：「只有不認真的人才能提升記憶力，獲得成功。」

我所謂的成功是指「在自己期盼的時刻可以發揮最佳實力的狀態」。如果能在自己希望的時刻，不受周遭情況影響，如願展現最佳實力，會是一件多麼美好的事啊！

說得簡單一點，要是能成為一個靈感源源不絕的人，該有多如魚得水呢！

這樣的人一定可以擁有心靈豐富的人生。

該怎麼做才能成為一個靈感源源不絕的人呢？這也是本書的主旨之一。

只有閱讀本書的你，才能得知創造「靈感」的方式。生在這個迷惘至極的時代中，要作為一個商務人士脫穎而出，靈感絕對是定生死的關鍵。

也許有些人會覺得很不可思議：

「為什麼在記憶法的書裡會扯到靈感呢？」

答案很簡單。

因為所有的**靈感都只不過是「既有記憶」的組合**而已。

我這麼說，可能會讓不少人大吃一驚。尤其是越認真的人，似乎越容易認為「所謂的靈感是憑一己之力從零開始創造出來的」。不過，從前人的智慧看來，事實上很顯然「靈感不可能突然憑空冒出來」。

闡述創意構想法的名著《創意，從無到有》（*A Technique for Producing Ideas*）的作者楊傑美（James Webb Young）在著作中明言：**「所謂的靈感只不過**

是以全新的方式組合既有的要素罷了。」

你是否認為：「居然是用排列組合的方式創造靈感？這樣也太混了吧！」

不過，我很贊成他的說法。

因為我已經親身體驗過好幾次「在面對不同狀況、時間點時，腦海中既有的資訊忽然產生了化學變化，醞釀出具有全新價值的資訊」。

所以，我希望即使是目前還沒有要特別追尋什麼目標的人，也不妨開始試著記住某些新事物。這麼一來，就能讓腦海中「既有的記憶」增加，讓自己更有機會成為一個靈感源源不絕的人。

我將會在第七章說明這個記憶機制。

「靈感取決於如何排列組合。只要反覆訓練記憶，就能源源不絕地湧現出靈感！」

請大家像這樣輕鬆看待靈感就好。

如果大腦裡記住的知識只能以原本的形式運用，那麼人類記憶的價值就不會如此高昂了。正因為**記住的知識可以藉由排列組合產生出全新的價值，人類的記憶才會如此珍貴**；這才是記憶的本質。

我會在下一章更進一步探討記憶的本質。

實際動手寫寫看！ A4記憶學習單

● if-then計畫

if

・早上醒來第一件事

then

寫3頁A4學習單

目的

・提升創造力

・鍛鍊工作記憶

・靜下來專注於書寫

● 寫下夢想

我的夢想

對提升日本人的
「腦力」做出貢獻

致力於提升日本的國力

方法：提供關於提升記
憶力等腦力開發
的教材、內容

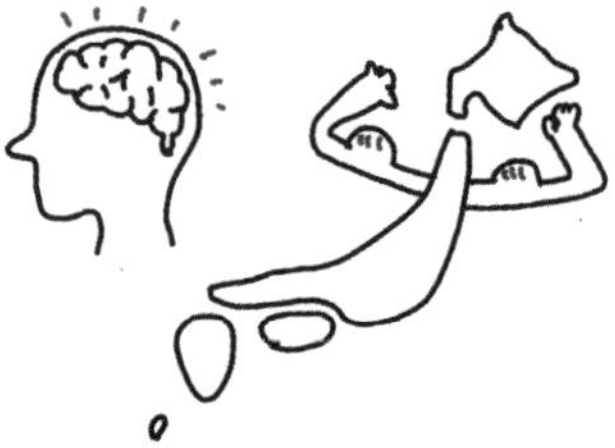

第7章

以記憶力為基礎，琢磨所有的能力

人是由記憶所構成

我常在想：「人是由記憶所構成。」

每個人擁有的記憶就是如此珍貴。

記憶也可以說是認定「自己是誰？」的身分認同關鍵。

所以，當一個人失去記憶時，會不禁懷疑起「我是誰？」而陷入混亂。所謂的記憶真是太深奧了，不是嗎？

事實上，古往今來已經有非常多作家站在這個角度，以「記憶」為主題創造出不少偉大的作品。其中也有許多作品被拍成電影，掀起討論熱潮。

我想大家一定也有看過類似主題的作品吧！

美國的超人氣科幻小說作家菲力普・迪克（Philip Kindred Dick）就是最好的例子。

他的小說《全面回憶》（*We Can Remember It for You Wholesale*）被改編為非常有名的電影《魔鬼總動員》（*Total Recall*）。阿諾．史瓦辛格在片中演出一位「被植入虛假記憶的男人」，如此離奇的角色掀起了大眾熱烈的討論。

還有，電影中有被植入人類記憶的複製人登場的《銀翼殺手》（*Blade Runner*），一樣也是改編自菲力普．迪克的作品。這部電影是由雷利．史考特執導，一樣也備受愛戴，可說是科幻電影的代表作。

類似的主題當然也不能忘了席捲全美的諜報小說作家勞勃．勒德倫（Robert Ludlum），他的傑作《神鬼認證》（*The Bourne Identity*）系列也廣受全世界的喜愛。《神鬼認證》這部電影由麥特．戴蒙飾演主角傑森．包恩。這是一部感動人心的驚悚動作片，內容描述「喪失記憶的情報員在遭受襲擊的同時，仍試圖找回自己的身分」。

如此吸引人的角色塑造為這一系列電影凝聚了超高人氣，從《神鬼認證》到

《神鬼認證：傑森包恩》，包含續集共拍攝了五部相關電影作品。只要有看過上述其中一部名作，應該都會認同「人是由記憶所構成」這個觀點。

除了上述作品之外，國內外當然還有不計其數關於「（失去）記憶」的作品。如果你有特別喜歡哪部關於「記憶」的作品，一定要告訴我喔！

由此看來，記憶力可說是一股讓人類活得像「自己」的「基礎」（自我認同）力量。

不僅如此，記憶力更堪稱是所有能力的「基礎」。

像是**邏輯思考**、**創意構想**、達到圓滑社交生活的**溝通能力**、**身體活動**、**以理性抑制情緒**等。

大腦負責的各種功能，全都跟記憶力有非常深厚的關聯。

所謂的記憶力就像是引擎一樣，能成為其他能力的動力。所以，只要鍛鍊記憶力，便能帶給所有能力正面的影響。

如果你想要提升自己的各項能力，無論是在念書、工作、人際關係方面都希望有所改善，先鍛鍊記憶力會是最符合邏輯的捷徑。

將點與點連接起來

「可是……就算我鍛鍊記憶力、記住大量的事物，這些資訊究竟會對我有什麼幫助呢？我都已經長大成人了，也不打算再去念大學或參加任何證照考試了。」

也有人曾這樣問過我。我的確很了解這樣的心情。

每天的生活都已經夠忙碌了，還要**為了記憶背誦特地抽出時間，大家當然會懷疑究竟值不值得這麼做**。在此我想告訴大家一件事。

蘋果公司創辦人史蒂夫．賈伯斯於二〇〇五年史丹佛大學演講時，曾與大家分享他關於「Connecting the dot」（連接點與點）的思維。

賈伯斯在大學時就對於文字藝術「**Calligraphy**」（發祥於古歐洲，意指將文字表現得更美的文字藝術）的課程很有興趣，曾旁聽這門課程。不過，他當時沒有意識到這堂課會對未來的他帶來多大的幫助。

大學休學後他埋首於研發Mac系統，他忽然察覺「文字該如何呈現於螢幕」、「文字之美對人類的視覺而言有多麼重要」這些事。

當時浮現在他腦海中的，正是大學那門文字藝術的課程。他將這個靈感乍現的過程定義為**「點與點連結起來了」**。於是，他為全世界的電腦創造出「電腦字型」的概念。

換句話說，賈伯斯當初並不是為了要研發出「電腦字型」而學習文字藝術，他只是抱著「欣賞美感」、「有趣」的純粹態度一頭鑽進文字藝術的世界，後來才將文字藝術與電腦這兩個點連接起來，創造出「電腦字型」。

沒有人會知道在自己的人生中，現在學習的事物是否能在未來派上用場。

不過，**唯有當事者的經驗，也就是「記憶」可以為自己開創人生**。所以，無論是玩樂也好、繞遠路也好，其實都是人生中很重要的一部分。就算在當時覺得

（原文）

You can't connect the dots looking forward;
You can only connect them looking backwards.
So you have to trust that the dots will somehow connect in your future.
You have to trust in something——your gut, destiny, life, karma, whatever.
This approach has never let me down, and it has made all the difference in my life.

（譯文）

你無法預先把現在發生的點點滴滴串聯起來，
只有在未來回顧時，你才會明白這些事是如何串在一起的。
所以你現在必須相信，眼前發生的種種，將來多少都會串聯在一起。
你得去相信，直覺也好、命運也好、生命也好，甚至是輪迴。
這種作法從來沒讓我失望，我的人生因此變得完全不同。

毫無意義，事後也很可能會察覺到那其實「意義重大」。

「為什麼一定要念書呢？出社會之後明明一點用也沒有。」

或許你的孩子也曾問過你這個問題，讓你感到困擾不已吧？

那些難解的數學方程式、複雜的英文句構、困難的元素符號、冗長的法律條文……。

在考試以外的場合中，這些知識究竟有什麼用處呢？也許一時之間並不容易對孩子說明這些知識的用處。此時不妨告訴孩子賈伯斯的這席話，應該就能加強孩子對學習的動機。

另一方面，即使已經長大成人，我也很建議大家可以從地理與歷史等素養中重新獲得啟發。若能深入記憶，你會發現這些史地方面的知識最後都會串聯在一起，讓你親身感受到這個世界的廣大豐饒，並幫助你更精確深入地掌握事物。一定會讓你整個人充滿知識的喜悅與充實感。

例如：

改變歷史的重大發明。

歐洲地理與美術史。

日本的世界遺產。

鎌倉時代到江戶時代的歷代將軍。

星座與宇宙的起源。

在持續學習的過程中，會幫助你在無論於公於私的各種場合中展開更豐富的對話，溝通能力變得更精確優雅，人生也會更加圓融。

原因顯而易見，因為記憶的事物變多，能談論的話題也會增加，社交程度自然而然會向上提升。事實上，在歐美的商業場合中，**「從對話中流露的教養程度」遠比學歷更會左右商談結果。**

換言之，大腦裡的知識才是防衛自己的最強利器。

知識也是將你襯托得更耀眼動人的絕美首飾。

鍛鍊記憶力，就能提升「能力之王」——專注力

只要鍛鍊記憶力，真的就能連帶自動提升其他能力嗎？現在就帶大家看看具體的例子。

首先我要說的是「能力之王」，也就是專注力。**所謂的專注力可說是能推動所有能力的加速器。**

本書將專注力定義如下：

「在面對眾多事項時，能專注在最應該優先處理的事項，並處理解決的能力。」

此外，我更將「專注力」細分為下列五個要素：

❶立刻著手處理的能力；
❷忽視周遭旁人的能力；

❸專注思考的能力；

❹長時間面對、解決的能力；

❺發揮最佳表現的能力。

大家應該都有同感吧？

如思考力、想像力等，許多能力都會受到專注力的影響。無論能力再強、再優秀，與生俱來的才華多麼出眾，若是沒有專注力，依然無法提升整體表現。因此，我才會說**專注力是「能力之王」**。

究竟要怎麼做才能透過鍛鍊記憶力，連帶獲得專注力呢？其實，記憶力就幾乎等於專注力。因為這兩者都是依靠大腦才能發揮的能力。

經過一次令人懊悔的經驗後，我開始研究關於大腦的構造，過程中我發現**「無論是記憶力或專注力，鍛鍊的方法都很相似」**。對我們而言，這真是一舉兩得呢！（笑）

而且，最新的腦科學研究也證實大腦具備優越的柔軟度，「隨時可以有所變化」（可塑性）。所以，無論是哪個年齡層都很適合**同時鍛鍊記憶力與專注力**。

例如藉由新的經驗與學習活化大腦後，神經突觸（神經元之間的接頭）就會變得更暢通，增加神經傳導物質的分泌量，只要神經突觸數量越多、接頭就越多，也就能接收更多資訊量。這就是所謂的**「神經突觸的可塑性」**。

我還可以再舉其他例子。

一旦腦中風、腦血管阻塞，大腦神經細胞就會受到損傷。

從前，大家都認為受到損傷後「腦神經細胞不會恢復原狀」，不過，現在我們已經得知「在死掉的腦神經細胞周圍還會形成新的神經迴路」。

不僅如此，即使年齡增長，神經元依然會伸長突觸形成神經網絡，因此即便是老年人，也仍舊可以產出富有創造力的想法及表現。

例如英國劇作家蕭伯納，即使年過九十依然寫下了好幾部戲劇作品。當然，這也需要當事人堅強的意志，並透過訓練、經驗與學習積極刺激大腦才能做到。

了解這個事實後，你也要強烈意識到「一定要同時加強記憶力與專注力」才行。

如果希望同時加強記憶力與專注力，**我建議大家可以做一個輕鬆的運動來幫助大腦運作。**

不需要進行太過困難的運動，只要「在自家附近隨意散步」就夠了。因為**適度的運動可以增加大腦神經細胞，活化神經突觸的可塑性。**

不過，實際上每個人都有可能遇到「記憶力與專注力都斷電」的時刻。這種時候可以適當補充醣分作為大腦的能量來源。建議大家可以吃點**主要以葡萄糖製成的彈珠汽水糖。**

但請大家千萬不要假借著「補充能量」的藉口，攝取過多甜食。因為萬一引起血糖震盪（用餐後血糖急速上升又急速下降），也會突然引起睡意與疲勞感。

即使是我，記憶力與專注力也並非與生俱來。

其實原本的我能維持專注的時間很短，一不小心就會精神渙散。而且，一旦被其他事物吸引注意力，就很難恢復專注。

我是在二〇一三年才正式面對這項弱點。而且諷刺的是，我是在腦力錦標賽的決賽中，才發現自己毫無專注力的事實。

二〇一三年二月我首度出賽日本腦力錦標賽，也是我第一次獲得冠軍；同年八月又出賽「澳洲腦力錦標賽」，一樣也榮獲冠軍。

於是我趁著這股氣勢，決定一鼓作氣參加在十二月舉辦的「世界腦力錦標賽」。

但是，我的狀態卻不如預期。

當時，我抱著「預演」世界腦力錦標賽的心情，先參加了在九月舉辦的「香港腦力錦標賽」，結果……非但沒得到冠軍，居然還是第十二名！

在我心裡認定這是一場「大失敗」。失敗的原因就在於我缺少專注力。

我的記憶方式明明與之前都一樣，但卻會因為身處環境與自身狀態而導致專注力大幅下滑，最後只能面臨失敗。

備感震驚的我，從那時起除了鍛鍊記憶力之外，也開始鑽研如何提升專注力。

雖然記憶力已經是我既有的能力，但只要「能力之王」——專注力亂了陣腳，也沒辦法使我原本的能力如常發揮。

這個例子或許有點極端，不過還是希望可以成為大家的借鏡。

鍛鍊記憶力，可以讓人更深入思考

現代人人都可以活上一百年，再加上現在也是ＶＵＣＡ（Volatility易變性、Uncertainty不確定性、Complexity複雜性、Ambiguity模糊性的英文字首縮寫）的時代，價值觀變得更多元，社會構造也變得複雜許多，要預測未來可說是難上加難。

為了在這樣的時代中脫穎而出，最重要的就是思考的能力了。事實上，現在大家也越來越重視思考能力。

只要看看現在大學入學測驗的出題形式、文部科學省（日本負責統籌教育、科學、學術、文化與體育事務的中央省廳）最新制訂的學習指導綱領就能明白這個顯而易見的事實。

「正因為現在是AI的時代，人類的思考能力就變得更重要了。」

相信你應該也有聽說過這句話吧！

不過，究竟該怎麼做才能提升思考能力呢？

在頭腦空空的狀態下，有辦法培養思考能力嗎？你肯定也會直覺性地回答：

「應該沒辦法吧！」

所謂的思考能力，就是將既有資訊排列組合所產生的結果。

毫無知識的土壤中，應該不可能生出「就連本人也一無所知的概念」吧！

在嶄新的想法中，必定多少都包含既有的概念要素。照理來說，通常都是「受到既有概念的激發，往別的方向導出新的想法」。

既然如此，**大腦中的既有資訊越豐富，組織起來的知識越鮮活，便能成為思**

想的「搖籃」或「框架」，肯定能培養出更優異的思考能力。

而關鍵就在於記憶力。**越勤於鍛鍊記憶力、累積豐富的知識，越有助於培養思考能力。**

我想強調一件事，希望大家不要有所誤解。

記憶的價值並不僅止於「將輸入（記住）的事情直接拿出來使用」，而是能**在他處醞釀出全新的價值**。假設有人發問：「世界上最新的國家紐埃（Niue）首都在哪裡？」對方需要回答出：「阿洛菲（Alofi）。」的情況下，ＡＩ肯定能瞬間說出正確解答。而且ＡＩ回答的速度絕對比人類還要快。

只是，我們未來需要的思考能力並不是這種「機械式的輸出」，而是在面對**「請提出維持世界和平的對策」這種抽象問題時，可以回答出含有豐富具體事例的獨特回答，這才是我們所需要的思考能力。**

（事實上，現在越來越多學校的入學考試都採用這種申論式的問題。）

我認為這才是人類學習「記憶活用法」的真諦。

現在就來舉個具體的例子吧！

假設你現在已經大致記住了下列這些關於紐埃這個國家的知識。

■紐埃原為英國殖民地，後來劃歸紐西蘭，於一九七四年獲得自治權，於二〇一五年正式獲得日本承認為世界最新（截至二〇二二年）的獨立國家。

■紐埃與紐西蘭締結自由聯合協議，軍事、外交由紐西蘭提供協助。

■雖然紐埃並非聯合國的正式加盟國，但認定紐埃為主權獨立國家。

■一九九三年加入聯合國教科文組織（UNESCO）。

■截至二〇一六年九月，與二十個國家及一個地區締結外交關係，加入了三十四個國際機構。

有了這些知識，在撰寫小論文時，大腦便能迅速思考出下列概念：

「可以藉由舉出紐埃為『世界最新國家』的事證，給審閱者深刻的印象。而且紐埃在與前宗主國保持友好關係的前提下，以獨立國家的身分走出自己的路，只要再與他國進行比較，輕輕鬆鬆就能寫滿八百字。」

上述紐埃的例子只不過是一個靈感罷了。

我只是想以簡單易懂的方式告訴大家：「記憶才是思考的原料。」

換句話說，**若是自己「擁有的資訊」太少，就不可能產生更深、更多的思考。**

我認為今後人類唯有更重視記憶活用法，才能讓自己的能力與ＡＩ有所區別，甚至表現得比ＡＩ更加優異。

將輸入進大腦裡的許多知識排列組合、處理思考過後，就一定能生出新的想法，**輸出量可以是兩倍、四倍、八倍**，說是**呈等比級數增加**也不為過。

以先前舉的紐埃為例，若大腦裡還具備地政學的知識，或許就可以察覺到：**「紐埃的例子可以與索羅門群島的內亂做比較。」**

甚至如果你是一個戰國武將迷，更可以抱著興奮的心情寫出這麼一篇精彩的小論文：**「紐埃的外交態度與誰較為相近？是信長還是秀吉？論『和平』之道。」**

大量的記憶會成為深入思考的原料

值得高興的是，**自己就可以察覺到記憶力是否有所提升。**

只要「能記住的量」有所提升，就可以斷定整體記憶力也同時增加，而且還會連帶自動加強思考能力。

一旦思考能力提升，便能展現出精彩的表現，在日常生活方面也會引起各式各樣的改變。至少自己一定可以察覺到思考能力的成長。

因此，雖然大家可能會覺得有點繞遠路，但若是希望提升思考能力，我建議不妨靈活運用Ａ４一枚超記憶法，一定會有所幫助。

鍛鍊記憶力，就能成為點子王

除了思考能力之外，我也想談談記憶力對於創造力（＝產生靈感、點子的能力）的幫助。

我利用圖像化（ＩＰ化）的方法，順利角逐日本腦力錦標賽。年過四十五歲才開始參賽的我，拿下了六次「日本記憶力冠軍」的頭銜。在這段過程中，我充分感受到自己的各種能力都有所成長。**其中，我親身感受到最顯著成長的就是創造力。**

「拜記憶訓練之賜，我成了具備豐富創造力的點子王。」

現在回想起來，我仍感激不已。

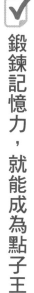

在前面的篇幅中，我已經告訴過大家靈感與記憶之間的關聯，現在不妨繼續深入探究看看。

我目前正致力於製作關於腦力開發的書籍、教材、講座等內容，這些都需要豐富的創造力才能實現。

當然，無論是什麼工作應該多少都會需要創造力。不過，我在工作上經常遇到需要**「創造出這世上前所未有的新奇事物」**的時刻，因此總是處於尋找靈感的狀態。

在幾乎沒有前例與範本的情況下，我還是一一順利擺平了各種可說是「強人所難」的要求（笑）。

不過，如果要我說出真心話……

要是我在四十幾歲時沒有接觸「腦力錦標賽」，沒有反覆訓練記憶力，絕對不可能像現在一樣反覆實現從無到有（創造出這世界上前所未有的全新事物與服務、從零開始創造價值）的過程。

話說回來，我為什麼可以一一擺平各種強人所難的要求呢？

那是因為**「記憶力訓練」**與**「創造靈感的訓練」重複的部分非常多**的緣故。

大家讀到這裡，想必應該都可以理解了。以ＩＰ化為主軸的記憶鍛鍊法，也是一種圖像操作的鍛鍊。

一切都是從大腦裡想像圖像開始。

像是將圖像放大、縮小、增量、旋轉、移動，將不同的圖像結合起來等等。

像這樣**習於操作圖像，其實不知不覺中也正在鍛鍊靈感**，到最後你自己也會發現，生活中靈光乍現的次數越來越多。這是因為鍛鍊記憶力也會間接鍛鍊到創造力的緣故，這應該也算是意外的驚喜吧！

請大家也試著利用Ａ４一枚超記憶法，先輕鬆解決眼前的目標。

於此同時也連帶拓展想像力，**盡情對全世界輸出專屬於你的獨特想法吧！**

以我自己為例，我是在淋浴時最容易浮現出靈感。

每個人的情況當然不盡相同。找出對自己而言「最容易浮現靈感的狀態」，就是成為點子王的第一步！

鍛鍊記憶力，能強化空間認知能力

利用Ａ４一枚超記憶法反覆「讓大腦想像出圖像」的過程中，也能連帶提升「空間認知能力」。這麼一來，**不僅會變得很擅長思考工作步驟，也能有條有理地迅速展現出品質優異的工作成果。**

或許大家會懷疑：「這世界上真的會有這麼夢幻的好事嗎？」

話說，**「空間認知能力」的定義是理解並記住物體之間的空間位置關聯**。例如，在腦海裡可以想像出立體空間，回想出城市的地理位置與建築物的空間配置等，也就是想像空間與位置關係的能力。

舉例來說，像是小時候常去的祖父母家格局、學生時代上學的路線等，就算長大成人後依然可以清楚回想起來。這些都是拜空間認知能力之賜。

而空間認知能力在運動，特別是球類運動方面更是特別重要。

二〇一六年在里約熱內盧奧運擔任日本男子足球代表隊教練的手倉森誠，也曾在訪問中表示：「最擅長使出頭錘的並不是個子高的選手，而是空間認知能力優異的選手。」

我這麼說或許會讓你感到意外，不過，**請大家試想自己「對時間的感受」，其實控制自己行為的能力，也包含在空間認知能力當中。**

這裡我要舉個例子。

假設現在是禮拜一的早上，主管對你交代：「明天下午四點之前要製作好會議文件。」

「禮拜一中午之前要完成A工作，下午兩點前要完成B工作，C工作因為還不急，之後再做也沒關係，先開始製作會議文件，在下班前大致完成，禮拜二早上開始修改，中午十二點交出去吧！」

只要具備空間認知能力，就可以像這樣從容不迫地建立工作計畫。

當然，無論是誰多少都可以安排好這樣的工作行程。

在大腦中迅速完成工作計畫，並確實執行；偶爾還能大幅提前預定時間完成，總是獲得周遭的信任與讚賞……。

這就是具備優異「空間認知能力」的人。

近年來，大家都非常重視空間認知能力。

英國科學雜誌《*Nature*》中也有報導指出：**「空間認知能力是創造與改革的關鍵。」**換句話說，空間認知能力不足的壞處，並不僅限於容易迷路、不擅長球類運動而已，遺憾的是也很可能會讓人無法按照計畫做事，導致做事不得要領、工作耽擱延遲等等。

究竟為什麼「在大腦中想像圖像」可以鍛鍊空間認知能力呢？

答案很簡單，因為**想像圖像會大量使用到大腦海馬迴中的一種名為「位置細胞」的神經細胞。**

位置細胞負責的工作正是「掌握自己與空間的位置關係」。現在已經得知，在持續練習圖像化的過程中，也可以同時鍛鍊到位置細胞。

在此我想要再討論得更深入一點。請大家在實踐Ａ４一枚超記憶法時，**不妨試著多挪動自己大腦中浮現出的圖像**。像是組合許多不同的圖像、同時挪動圖像等。

像這樣徹底運用大腦中的「想像空間」，便能順帶活化大腦前額葉的工作記憶。

比方日本將棋六連霸的藤井聰太、棒球選手大谷翔平，以及傑出的工程師、建築家、外科醫師等**一流專家們，都很擅長運用自己的想像空間。**

在記憶背誦的過程中，在大腦反覆進行圖像化的練習，連帶鍛鍊空間認知能力，最終讓自己可以任意駕馭大腦中的想像空間，這不是再好不過了嗎？

鍛鍊記憶力，能提升工作記憶能力

我剛剛也提到，當一個人可以妥善運用「想像空間」後，也能連帶活化跟大腦前額葉有密切關聯的工作記憶。現在我要以淺顯易懂的方式說明。雖然乍看之下似乎很複雜，不過事實上卻非常吸引人。

我們現在已經得知，工作記憶能力優異的人，ＡＣＣ這個部位（前扣帶皮層）的活動都非常活躍。

若希望**活化ＡＣＣ，想像（思考、創造）是最有效的方法。換句話說，透過反覆練習本書介紹的Ａ４一枚超記憶法中的圖像化技巧，便能連帶鍛鍊ＡＣＣ，也進一步鍛鍊工作記憶。**

由於這麼做能提升大腦的處理能力，加速各種事項的處理速度，效率與產能也會有所提高，讓人更有效率地運用自己的人生。

舉例來說，如果處理一項事務的時間可以縮短至三分之二，會怎麼樣呢？

就算低估一些，**若換算成一天的時間，就能多出三小時可以自由運用的時間。**

我不是在開玩笑，這麼說是有科學根據的。

關於工作記憶研究的第一把交椅苧坂滿里子（大阪大學名譽教授／未來ICT研究所腦情報通信融合研究中心主任研究員）的研究，「有些人擅長運用工作記憶，有些人則不然」。導致這兩種人表現差異的關鍵就在於ACC。

苧坂教授以五十位大學生為對象，進行了一項名為RST的考試（只要記住文章中的一個單字就好），比較分數高與低的學生後，發現**分數越高的學生，ACC的活躍程度越高。**

接著，她也在之後的實驗中證明了，ACC與SPL（頂上小葉）、DLPFC（背外側前額葉皮層）會製造出神經網絡，就像是司令塔一樣負責維持並處理資訊（＝工作記憶）。

說到這裡，大家一定會很想知道「究竟要怎麼做才能活化ACC呢？」

假設隨著年齡增長，工作記憶的能力顯著降低的情況下，想像的效果似乎會變得更強大。

據苧坂教授的說法，請老年人在某個訓練中「想像一個必須記住的單字」**再畫出來後，調查老年人的大腦活動，結果發現訓練前幾乎沒有活動的ACC也變得活躍起來了。**

這裡說的想像指的是**「訓練大腦產生表象」**。

這跟本書推廣的第四象限圖像化（IP化）的概念完全一致！

請大家多多利用A4一枚超記憶法，讓大腦反覆進行想像，這麼一來也能自然而然鍛鍊到工作記憶，順便讓自己遠離認知功能下滑的險境，可說是一舉數得。

如果可以，請大家盡量設定一個有趣的目標，享受其中的同時養成習慣。因為，這麼一來大腦便會分泌出多巴胺，活化DLPFC，連帶更進一步提升工作記憶的能力。

鍛鍊記憶力，能加強抽象化能力

或許有些人一聽到「抽象化能力」，就會有種「好像很難」的刻板印象。不過請別擔心，如果我說這正是「搞笑藝人有吉弘行最擅長發揮的能力」，是不是感覺就簡單多了呢？

有吉弘行最有名的就是犀利的毒舌，就連對前輩也毫不留情地取綽號，深受日本國民長年來的喜愛。我現在就要以他為例，說明什麼是抽象化能力。

有吉弘行之所以能再度爆紅，都是因為他在二〇〇七年於《毒舌糾察隊》（朝日電視台）擔任特別來賓，以「取綽號的本事」大受歡迎。他為品川祐（搞笑二人組「品川庄司」成員）取的綽號**「長舌混帳傢伙」**在當時紅極一時。其後陸續有更多綜藝節目都找他來為藝人取綽號，給大眾留下極深的印象。

例如他為DOWN TOWN取名為**「靠一個老梗就存活到現在的搞笑二人組」**、為西野亮廣（搞笑二人組「金剛」成員）取名為**「活力大學生」**等等。其他雖然還有好幾百個綽號，不過實在太毒舌了，這裡就先略過不提（笑）。

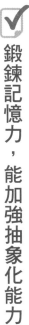

有吉弘行為藝人取名的精湛之處在於，**他並不只提及表面的特徵，而是能掌握到那個人的背景與成果等不容易看見的部分（本質），細膩地用言語表現出來。**

雖然有吉弘行也曾說過：「日村勇紀（搞笑二人組「香蕉人」成員）＝保羅·麥卡尼（前披頭四成員）。」這種將外表特徵化為言語的綽號，不過，他將「外表以外的特色，每個人隱隱約約的感受」化為言語的例子更是多不勝數。

他究竟是怎麼辦到的呢？

首先，有吉弘行的工作記憶容量非常大，而且功能極為優秀的這點絕對毫無疑問。他可以從自己掌握的龐大資訊量當中，瞬間找出「可以用在綽號的資訊」，這正是工作記憶的功勞。

他必須將「要被命名的人」外表特色、以往背景、實際成果、曾發生過的事件、本人的興趣及嗜好……全部在腦海中一一列出，核對「可以用在綽號上的資訊（記憶）」，將適合的關鍵字連接在一起，創造出一個新的詞彙，而且還要說得夠好笑才行。事實上這真的是非常繁複的工作。

換言之，這就是**將新的知識（「要被命名的人」相關資訊）與既有知識重新排列、組合編輯，創造出全新思維的能力；這正是抽象化能力。**

有吉弘行的**「取綽號本事」，正是抽象化思考的結晶。**

究竟要怎麼做，才能像有吉弘行一樣抽象化思考呢？

簡而言之，就是要鍛鍊自己可以在「具體」與「抽象」這兩種極端之間任意來去的能力。

■ **具體化……以具體的事物表現出抽象的言語（象徵化）。**

（例如：「和平」↓「鴿子」、「萬國旗」、「人們的笑臉」、「家族團圓的景象」等）

■ **抽象化……拓展具體的事物框架，將概念擴展開來，也很類似於「回溯分類圖」的概念。**

（例如：「吉娃娃」→「小型犬」→「犬科」→「哺乳類」→「生物」）

只要經常從這兩個方向來鍛鍊大腦，思考便能順暢地往返具體與抽象這兩種極端。

舉例來說，不只是有吉弘行，那些經常上電視的優秀評論家，無論是面對任何問題都能說出準確的回答及見解，這都是因為他們的**大腦可以瞬間將問題抽象化，拓展概念的框架，精準掌握問題的本質**。這項**「掌握本質」**的大腦運作非常重要。

以我自己為例，我剛開始踏進記憶法的世界時，曾搜尋這世上所有標題含有「記憶法」的資料並都看了一遍。每個流派乍看之下都很有自己的特色，不過，當我漸漸吸收完龐大的資訊後，發現全都是以抽象化（掌握本質）的概念為基礎的論述。

所謂「可以抽象化」的狀態，就是可以自己說出：**「這件事說到底就是這個意思吧！」這句話之時。事實上，當我吸收理解所有坊間的記憶法之後，我也明確感受到「記憶法說到底就是『藉由驅動情感來記憶』的意思吧！」

其後，我繼續深入學習腦科學，發現記憶的構造與情感有著密不可分的關聯，於是研究出了「能更進一步深入刺激情感的記憶法」（IP化）。

換句話說，我不過度接收既有的資訊，透過將新的資訊與自己大腦裡既有的知識重新排列、組合編輯，產生出了新的思考方式。

我真心希望大家都可以在「具體」與「抽象」這兩個極端之間任意往返，因為這樣的練習有助於提升抽象化能力。

不過，其實這並不需要特別訓練。只要實踐以圖像化（IP化）為主軸的A4一枚超記憶法，就可以直接鍛鍊到抽象化能力了。

現在，我希望大家可以記住一件事。

那就是在現代社會中，如果只一味被動地接收媒體提供的資訊，是沒辦法養

成抽象化能力的。因為傳達資訊的媒體太過面面俱到，以至於漸漸剝奪了大眾自己動腦的機會。

例如電視節目與YouTube仔細的字幕。觀眾只要透過字幕，就能清楚得知電視上每個人的發言及內容，甚至連發言者的心情都一清二楚。

換言之，現代**「需要動到大腦」的壓力減輕了許多。**

可是，派不上用場的大腦，只會漸漸生鏽、走向衰退而已。

請大家千萬別忘了要靠自己辨別現場的「氣氛」、字裡行間隱藏的「寓意」，最重要的是一定要懂得判別資訊的「背景」。發揮好奇心、多接觸各種事物，才能讓大腦養成抽象化的習慣，才能自行解讀出「這件事說到底其實就是這個意思」。

只不過，如果是在真實世界的對話中，要是動不動就說出：「這件事其實就是那樣吧？」可能會讓別人誤會你是一個「喜歡不分青紅皂白就做出結論」的人（笑）。所以希望大家記住一個原則，那就是「千萬不要在真實的對話中向對方說出這句話」。

鍛鍊記憶力，甚至能培養非認知能力

近年來，在日本經常可以看到「非認知能力」這個名詞。

非認知能力也是可以藉由鍛鍊記憶力而連帶提升的能力之一。

大家可能還不是很熟悉這個名詞，我現在就要為大家介紹非認知能力究竟是怎麼樣的能力。

所謂的「認知能力」指的是IQ（智商）或考試成績、排名等，可以用數字衡量，也是看得見標準的一種能力。年齡較長的各位一定都知道，戰後的日本在認知教育（學力）方面可說是站在世界的頂端。

另一方面，「非認知能力」則是所謂「關乎心靈的能力」。雖然無法用數字衡量，也不容易看見標準，但卻可以解釋成「生存能力」、「做人的能力」。

這裡希望大家特別注意，所謂的非認知能力並不是只用來表現「一種能力」

的用語。

像是想像力、感同身受的能力、協助能力、恢復力。

還有自信心、自制力、自我肯定感。

甚至是主體性、計畫性、彈性、創造性、社會性等。

這些跟心靈有關的各種能力，就總稱為「非認知能力」。

簡單來說，大家可以「將非認知能力與EQ畫上等號」。

所謂的EQ是由美國心理學家丹尼爾．高曼（Daniel Goleman）所提出的概念，在日本則翻譯為「心靈的智商」。在此容我介紹美國耶魯大學心理學家彼得．沙洛維（Peter Salovey）所提出的EQ定義：

❶了解自己情緒的能力；

❷控制情感的能力；

❸為自己賦予動機的能力；

❹了解別人情感的能力；
❺妥善處理人際關係的能力。

擁有豐富社會經驗的人，一定可以體會到「無論是EQ也好、非認知能力也好，都是在現代社會中過上幸福人生不可或缺的能力」。

事實上，榮獲諾貝爾經濟學獎的詹姆士·赫克曼（James Joseph Heckman）教授在二〇〇〇年就證明了，非認知能力正是**「比學力更能為人生帶來幸福與成功的能力」**。其後，雖然經過一陣「認知能力與非認知能力哪一個比較重要」的爭論，不過在現代的全球化社會中幾乎都認定「雙方都是必要的能力」。

在這樣的世界潮流之下，日本於二〇二〇年的教育改革中也將非認知能力視為**「生存能力」**，總算逐漸受到重視。

假設你現在必須在讀書方面設定一個龐大的目標，要是你具備優異的非認知能力。面對各式各樣的誘惑時，你便能依循「先苦後樂」的道理，自動自發規劃讀書計畫開始學習。就算成績不見起色，也能了解到「沒有必要為了分數而患得患失」，抱著積極的心態繼續學習。

非認知能力優異的好處在於能**比較容易建立起後設認知，能做出合理的行為，對自己採取較寬容的態度**。由於非認知能力優異的人具備自信心、自我肯定感、自制力、主體性與計畫性等特質，就算在現實生活中出現波折，也能勇敢面對、跨過難關。

為什麼鍛鍊記憶力也能連帶提升上述這些「關乎心靈的能力」呢？我們現在就來思考看看原因吧！

就如同我先前解釋過的，**「情感」是由屬於「大腦邊緣系統」的「杏仁核」所產生**。在鄰近杏仁核的區域有著記憶司令官「海馬迴」。

當杏仁核產生情感，受到刺激的海馬迴便會強化記憶（將短期記憶晉升為長期記憶）。

而且，該區域還有「依核」這個能生出幹勁的部位。

這裡就要進入關鍵了。

提升記憶力，其實就等於靈活掌控擁有「海馬迴」、「杏仁核」與「依核」等的「大腦邊緣系統」。

另一方面，非認知能力與EQ等「關乎心靈的能力」（=控制情感的能力），則與「大腦邊緣系統」（生出情感的區域）及「前額葉皮質」（掌管理性的區域）有著密不可分的關聯。也就是說，**用來記憶的大腦部位，與操控情感的部位有很多都是重複的**。因此，藉由鍛鍊記憶力也能連帶提升非認知能力與EQ。

具體而言，A4一枚超記憶法是將文章圖像化，並驅動情感以強化記憶的方法。重點在於這個記憶法是透過情感來加強「記憶」這個大腦功能，所以EQ與非認知能力當然也會有所提升。

藉由運用A4一枚超記憶法，不僅是在學習或工作方面可以獲得成效，在人際關係上更能如魚得水，順利獲得自己希望的成果。

利用「if-then學習單」改變行為

在前面的篇章中，我們已經了解鍛鍊記憶力後可以連帶養成的能力。鍛鍊了記憶力之後，你的專注力、思考力、非認知能力等所有「能力」都會有所提升，所以，接下來我想幫助你改變你的「行動」。我設計的A4記憶學習單用途並不只限於「記憶」而已，甚至可以幫助你實現夢想與目標。

大腦有一項特質很有趣，那就是**真的很不擅長區分幻想與現實。**現在已經得知，當我們夢想著某些事物時，**大腦的灰質與白質區域很可能會誤以為「自己已經獲得了心心念念的事物」。**而且很多人都會「在建立目標後，光是幻想著自己已經實現的景象就感到滿足」。

但我絕對不是要表達「夢想沒用」。

為了實現目標，最重要的就是重複執行有計畫的行動。

我現在就要介紹能幫助實現目標的兩種方法。

第一個方法我稱之為**「if-then學習單」**。這個學習單可以讓「if-then規則」深刻烙印在大腦裡。

所謂的if-then規則是美國紐約大學彼得・戈爾維策（Peter Gollwitzer）教授在一九九〇年代研究出的方法，也就是對大腦下達指令：**「如果發生X，就要做Y」**，藉此建立起執行計畫。

【if-then規則】

（代入想要實踐或希望養成習慣的事情）

❶（if）如果發生X，❷（then）就要做Y。

（If X happens, then I will do Y.）

在戈爾維策教授的實現中，**只要大致擬定出「為達成目標，要在何時、何地、如何採取行動」的計畫，學生們的目標達成率就能提升百分之四十**。現在就實際套用在我們生活中可以派上用場的場景吧！

【具體事例】

- 按掉鬧鐘後，數到十再慢慢坐起身子。
- 起床後花五分鐘整理周遭環境，再確認郵件訊息。
- 通勤搭車時，瀏覽英文小說。
- （無論是在家裡或外面）當餐點準備好後，就將手機放進包包（或遠處）。
- 一旦餓了，就吃堅果（最多吃五顆）。
- 想要的東西若超過一萬日圓，就先踏出店外考慮五分鐘。
- 假日早晨去健身房鍛鍊身體。
- 如果假日下雨，就整理衣櫃。
- 睡覺時，將手機放在伸手拿不到的位置。

像這樣**決定好if-then規則並輸入進大腦，即使沒有強烈的意志，也很容易直接化為行動**。而且這麼一來就不必再煩惱「該怎麼做」、「要做什麼」，也能提升行動次數。最後，這些良好的行為就會成為習慣，幫助你更快達成目標。

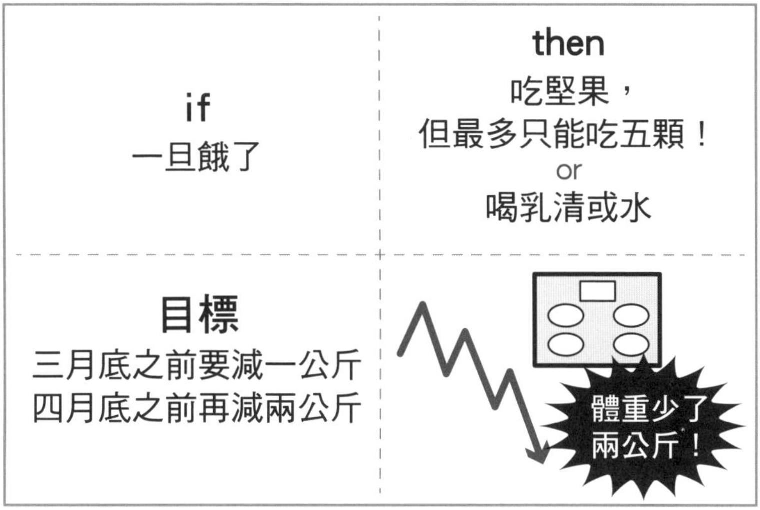
if
一旦餓了
then
吃堅果，
但最多只能吃五顆！
or
喝乳清或水
目標
三月底之前要減一公斤
四月底之前再減兩公斤
體重少了
兩公斤！

其實，我們從小就是接受各種社會規範，漸漸長大成人。

「看到綠燈才能過馬路」、「看到紅燈就要停下來」就是最具代表性的例子。這麼一想，是不是覺得簡單多了呢？

如果能養成習慣遵守自己決定的if-then規則，也能同時獲得滿足感與成就感。

這些正面的感受都會幫助自己產生自信，做出更多良好的行為……若能達成這樣的良性循環，那就再好也不過了！

美國賓夕法尼亞大學的安琪拉・達克沃斯（Angela Duckworth）教授進行了一項實驗，讓高中生們進行「if-then計畫」，結果高中生們在**暑假時的閱讀量增加至兩倍。**

此外，美國哥倫比亞大學的海蒂・格蘭特・海佛森（Heidi Grant Halvorson）教授所做的實驗也很饒富深意。

立下「只要是週一、週三、週五，工作前都要去健身房流汗運動一小時」這個目標的人，**有百分之九十一可以成功養成運動的習慣**；另一方面，只設定普通目標的人，只有百分之三十一可以養成運動習慣。

建議大家將「if-then學習單」貼在隨時都可以看得到的地方（如房間或客廳牆壁等）。因為只要瀏覽過自己寫下的內容好幾次，便能深深刻劃在潛意識當中。

這種現象也稱為**「促發效應」**（因為一開始獲得的刺激，促使自己做出與自我意識無關的行動）。**拜促發效應之賜，我們不必刻意就可以輕鬆改變行為。**

關鍵在於設定條件時應**避免使用「不要做〇〇」、「戒掉〇〇」這種否定句**。因為越是刻意否定，我們越容易執著在該項事物上；越是被禁止，我們越想去做。這就是大腦的特質（這稱之為「卡里古拉效應」）。

所以，我們應該刻意將句型換成肯定句。

【替換句型的實例】

×**要是餓了，不可以吃零食。**

〇**一旦餓了，就吃堅果（最多吃五顆）。**

我自己也有過因if-then規則而受惠的經驗。當初我參加腦力錦標賽時，為了希望活化大腦而養成了慢跑的習慣，當時多虧了if-then規則，才讓我隨時隨地都維持這個習慣。

無論是心情不好或工作太累時，只要一想到「當初設定條件的明明不是別人，就是我本人」，就會讓我湧起一股「不可以輸給自己」的念頭，進而重新振作起來。

這個方法特別適合**希望養成長期習慣的人嘗試，例如目標是讀書、減重**，請大家務必一試。

萬一遇到難以執行的時刻，有可能是設定的行為難度過高。此時不妨稍微調低難度、重新設定，養成習慣後再慢慢提升難度就好。

利用「日記學習單」實現夢想與目標

除了「記憶」之外的第二個用途，就是「日記學習單」。日記學習單正如其名，可以當作日誌、記事簿使用，我現在就要告訴大家日記學習單的使用方式。這畢竟是我介紹給大家的方法，用途絕對不只是備忘錄而已（笑）。

事實上，**「日記學習單」還能幫助你早日實現夢想與目標。**

第一象限……標註上日期的一般日記（條列式也無妨）。

第二象限……明天的計畫與目標。
第三象限……用文字寫下為實現將來夢想（目標）所需的步驟。
第四象限……用插圖畫出未來實現夢想的景象。

簡單來說，日記學習單跟記憶學習單一樣，必須在下方（第三、第四象限）**強烈想像出未來的意象**。

因為必須思考根本還沒發生的事情，必須使用到大腦，不過這對大腦而言也會是很好的刺激。

為了走完全程「實現夢想」的漫長道路，一定要清楚掌握**「現在該做什麼」、「自己還缺乏什麼、需要什麼」**。要達成上述目標，必須對自己具有後設認知（可以從旁觀者的角度客觀審視自己的感知與思考等），再轉化成言語，而最重要的是必須全都付諸行動。

不過，現實世界裡卻有很多人會跳過這些步驟，光是想像「偉大夢想實現的景象」就興奮不已，心存僥倖地做白日夢。我認為這樣「實在是太可惜了」，所以才會研究出這個實現夢想的方法。**這份日記學習單可以幫助大家確實累積朝夢想走去的「行動」，發揮強大的效果**；也就是所謂「告訴未來的自己該完成的步驟，並逐步實現的好幫手」，也是「強化未來記憶的工具」。

不僅如此，這份日記學習單也具備腦科學方面的根據。製作日記學習單的過程中，也能帶來先前曾提及的**「促發效應」**。

促發效應的定義是，**因為一開始獲得的刺激，促使自己做出與自我意識無關的行動**。

促發的英文是「prime」（事先教會的、賦予前提知識、灌輸的智慧）。舉個簡單的例子，假設前一天看到電視上的美食節目「拉麵特集」，節目內容就會成為一種刺激，隔天中午一看到拉麵店，就會促使自己想要踏進去享用拉麵，這種心理效果就是促發效應。

紐約大學的約翰．巴奇（John Bargh）教授曾經做了一個廣為人知的促發效應實驗。

他將大學生分為兩組，交給其中一組隨機選定的單字表，另外一組則是會讓人聯想到「老年人」的單字（例如：皺紋、白髮、拐杖等），然後指示學生利用手上的單字寫出短文。

寫完後，再測試學生們的走路速度，結果發現被分配的「老年人」印象單字的學生們，就連走路速度都變得比較慢。

簡單來說，**受到「老年人」印象影響的學生們，甚至會做出宛如老年人的行動。**

由此可知，如果我們能**善加利用促發效應這個心理作用，學習效果肯定也能突飛猛進。**

例如參與課堂、講座、研討會之前，如果可以先預習，到時候大腦就能更快吸收課程內容。

今日筆記

2月27日（一）日記

· 在開會時提出了好的提案。
· 主管提出要我參與A計畫！
· 在超商發現了甜點新品，下次一定要試試看！

明天之後的計畫

· 2月28日開線上會議。
· 這週要交出2份企劃書。
· 寫部落格文章。
· 學3小時英文（一週內）。

目標

· 目標是年度銷售一億日圓！好想獲得社長獎～～～～～
· 希望可以說出流暢的英語，考過英檢準一級！也想多去旅行！好想去紐約！

因為事先已經將資訊灌輸進大腦，就能預先掌握自己不懂的部分、準備好要對老師提出的問題，對課程內容有更深一層的理解。

現在，讓我們把焦點重新放回日記上。

在「日記學習單」上寫的「實現將來夢想所需的步驟」（第三象限）與「未來實現夢想的景象」（第四象限），就會成為強烈的促發效應，帶給深層心理巨大的刺激。這麼一來便能啟動「察覺能力」，在不知不覺中確實吸收更多「需要的資訊」，實現夢想所需的行動次數也會有所增加，讓人更容易實現目標。

關鍵在於**「書寫日記學習單」所帶來的促發效應，能讓人拓展視野，無論是夢想所需的資訊、事物或與人交流都會大幅增加。**

只要能遇見越來越多對的人，就能自然而然迎來好運。因為**無論是好的資訊、好的工作，絕對都是由「人」所帶來的。**

即使以後網路社會再怎麼發達，這個原則絕對不會有所改變。有很多成功者的例子都是透過網路讓大眾了解自己，進而締結好的緣分。因此，只要持續製作日記學習單，便能增加跟自己站在同一邊的夥伴，在心靈成長的同時迎來豐富的人生。

總而言之，**「利用日記學習單就能開運」**並非言過其實。

說到這裡，或許有些人會聯想到關於靈性的「吸引力法則」。我也因為深感好奇而查詢過關於吸引力法則的概念，近年來甚至有專家根據量子力學的理論

——「振動頻率相同的事物會互相吸引」來解釋「吸引力法則」。

不過，站在腦科學的立場來看，若希望實現目標，還是促發效應能帶來更大的幫助。

我也在前面放上了日記學習單的範例，請大家務必參考看看！

結語

我是在四十幾歲還在經營補習班時，一腳踏進了記憶的世界裡。

「我覺得還有別的方法可以讓我對世界有所貢獻。」

我在四十四歲那年抱著這種毫無根據的自信，給自己設下了一年的期限，期許自己完成三個目標。

第一個目標是鍛鍊體力，我希望可以達成全馬SUB4（在四小時內跑完全程馬拉松）。

第二個目標是琢磨感性，我想要學習從以前就很感興趣的薩克斯風，而且要達到能在大家面前演奏的程度。

第三個目標就是提升智力——在「日本腦力錦標賽」中獲得冠軍。

決定了這三個目標後，我下定決心要是沒有達到任何成果，以後就「不再懷抱任何夢想，默默度過接下來的人生」。

接著，我比以往更嚴以律己，在關鍵時刻抱著不喝酒、不放棄的決心，拚盡全力付出，最後竟然三個目標全都實現了！

那一年，我跑出了全馬SUB4的成績，也以薩克斯風演奏者的身分登上舞台完成吹奏樂曲的夢想。

在隔年二月的日本腦力錦標賽中，我在五百分滿分中，以史上最高分的四百七十五分獲得冠軍（腦力錦標賽平均成績為二四一．三）。不僅讓經常參賽的熟面孔驚嘆連連，我也因為朋友的幫忙，一腳踏入了記憶競賽的世界。

換句話說，我挑戰新目標的動機並不是「如果能成功就太好了」之類的正向思考動機，而是「要是失敗就沒有後路」的恐懼。現在回想起來，這種心理正可以用**「前景理論」**中的**「損失規避法則」**來解釋。

從行為經濟學的角度來看，人們「比起有所獲得，害怕損失的恐懼是前者的二．五倍」（提倡此理論的美國普林斯頓大學名譽教授丹尼爾．康納曼〔Daniel Kahneman〕，於二〇〇二年榮獲諾貝爾經濟學獎。他提出的前景理論就是如此重大的發現）。

這個世界上的確有些人是可以用「如果能成功就太好了」的正面思考提升動機，朝目標持續努力。

不過很遺憾地，我並不屬於這類人。我是被「想要改變人生的最後年限迫在眉睫」所迫，才總算做出改變的人（笑）。

儘管如此，我還是在「記憶」的領域中拚盡全力，獲得了「日本冠軍」的頭銜。

我之所以能獲勝的原因，恐怕是我**致力於學習了大腦的使用方式、調整心態，並磨練了所需技巧**。

我並不追求奇蹟與運氣，等待「天上掉下來的禮物」，而是**站在科學的觀**

點，盡可能追求有效率的記憶。

接下來等到年滿六十歲，我的目標是挑戰世界腦力錦標賽老年組，奪得冠軍寶座。

我現在最深切希望的就是提升更多小孩與成年人的記憶力，甚至是腦力。提升日本在經濟、科學技術與學術方面的國際競爭力，絕對是重振日本國力至關緊要的課題。

此外，我也希望可以透過提升記憶力與腦力，幫助各位面對人生中的各種難關。

到了接下來的時代，生活型態會產生大幅度的轉變，無論是誰都必須藉由學習，才能在這樣的環境中脫穎而出。而無論是學習哪方面的知識，只要培養記憶力就可以達到事半功倍的效果。

雖然為了達到眼前的目標而發揮記憶力也很重要，不過我希望大家能了解到，透過記憶力的涵養也能自然而然培養出全盤性的腦力。

最後，我要將這句話送給讀到這裡的你：

Human memory is an ability for creation.

因為記憶力就是為了「創造」而生的能力。

池田義博

Ideaman 169

A4一枚超記憶法：
圖像化+運用大腦特性，世界記憶力大師教你用最節能的方式深化記憶，學習成效翻倍

原著書名——まるごと覚えて 頭も良くなる A4・1枚記憶法
原出版社——株式会社東洋経済新報社
作者——池田義博
譯者——林慧雯
企劃選書——劉枚瑛
責任編輯——劉枚瑛
版權——吳亭儀、江欣瑜、林易萱
行銷業務——周佑潔、賴玉嵐、林詩富、吳藝佳

總編輯——何宜珍
總經理——彭之琬
事業群總經理——黃淑貞
發行人——何飛鵬
法律顧問——元禾法律事務所 王子文律師
出版——商周出版
115台北市南港區昆陽街16號4樓
電話：（02）2500-7008 傳真：（02）2500-7579
E-mail：bwp.service@cite.com.tw
Blog：http://bwp25007008.pixnet.net./blog
發行——英屬蓋曼群島商家庭傳媒股份有限公司城邦分公司
115台北市南港區昆陽街16號8樓
書虫客服專線：（02）2500-7718、（02）2500-7719
服務時間：週一至週五上午09:30-12:00；下午13:30-17:00
24小時傳真專線：（02）2500-1990、（02）2500-1991
劃撥帳號：19863813 戶名：書虫股份有限公司
讀者服務信箱：service@readingclub.com.tw
城邦讀書花園：www.cite.com.tw
香港發行所——城邦（香港）出版集團有限公司
香港九龍土瓜灣土瓜灣道86號順聯工業大廈6樓A室
電話：（852）2508-6231 傳真：（852）2578-9337
E-mail：hkcite@biznetvigator.com
馬新發行所——城邦（馬新）出版集團【Cité（M）Sdn. Bhd】
41, Jalan Radin Anum, Bandar Baru Sri Petaling,
57000 Kuala Lumpur, Malaysia.
電話：（603）9056-3833 傳真：（603）9057-6622
E-mail：services@cite.my

封面設計——萬勝安
內頁編排——簡至成
印刷——卡樂彩色製版印刷有限公司
經銷商——聯合發行股份有限公司 電話：（02）2917-8022 傳真：（02）2911-0053

■2024年5月7日初版
定價430元 Printed in Taiwan 著作權所有，翻印必究
ISBN 978-626-390-081-3
ISBN 978-626-390-078-3（EPUB）

城邦讀書花園 www.cite.com.tw
線上版讀者回函卡

國家圖書館出版品預行編目（CIP）資料

A4一枚超記憶法：圖像化+運用大腦特性，世界記憶力大師教你用最節能的方式深化記憶，學習成效翻倍/池田義博著；林慧雯譯. -- 初版. -- 臺北市：商周出版：英屬蓋曼群島商家庭傳媒股份有限公司城邦分公司發行, 2024.05 248面；14.8×21公分. -- (ideaman；169)
譯自：まるごと覚えて頭も良くなるA4.1枚記憶法 ISBN 978-626-390-081-3(平裝)
1.CST: 記憶 2.CST: 學習方法 176.338 113003349

Idea man

Idea man

Ideaman